Friederike Ziganek-Soehlke

So geht's weiter

Neurorehabilitation mit Bewegungsspielen in der Gruppe

W0376463

Pflaum Physiotherapie
Herausgeberin: Ingeborg Liebenstund

Friederike Ziganek-Soehlke

So geht's weiter

Neurorehabilitation mit Bewegungsspielen in der Gruppe

Achtung!
Eintragungen, Unterstreichungen etc. sind untersagt und gelten als Beschädigung!
Überprüfen Sie daher bitte den Zustand des Bandes vor der Ausleihe und melden Sie uns evtl. vorhandene Eintragungen!

Pflaum

Friederike Ziganek-Soehlke, Diplom-Fachsportlehrerin für Prävention und Rehabilitation, Diplom-Gerontologin und Sportwissenschaftlerin und Vorsitzende von Aktivia e.V. „Gesellschaft zur Förderung aktivierender Maßnahmen im Alter", leitet neben ihrer wissenschaftlichen und journalistischen Tätigkeit seit vielen Jahren Rehabilitationskurse für Senioren mit verschiedenen Schwerpunkten sowie Fortbildungslehrgänge für Übungsleiter im Seniorensport. Auf Nachfrage können Seminare zum Buch vereinbart werden.

Anschrift der Autorin:
Aktivia e.V.
Postfach 11 01 49
69071 Heidelberg
email: aktivia-e.v.@gmx.de
Telefon: 0 62 21/2 52 63
mobil: 01 70/9 31 96 56

11060199
Stadtbücherei Augsburg
Erwachsenenabteilung
Vet 1
Ziga
ausgeschieden
Neue Stadtbücherei Augsburg

Impressum

Bitte beachten Sie: Die medizinische Entwicklung schreitet permanent fort. Neue Erkenntnisse, was Medikation und Behandlung angeht, sind die Folge. Autor und Verlag haben größte Mühe walten lassen, um alle Angaben dem Wissensstand zum Zeitpunkt der Veröffentlichung anzupassen. Dennoch ist der Leser aufgefordert, Dosierungen und Kontraindikationen aller verwendeten Präparate und medizinischen Behandlungsverfahren anhand etwaiger Beipackzettel und Bedienungsanleitungen eigenverantwortlich zu prüfen, um eventuelle Abweichungen festzustellen.

Die Deutsche Bibliothek – CIP-Einheitsaufnahme
Ein Titelsatz für diese Publikation ist bei Der Deutschen Bibliothek erhältlich.

ISBN 3-7905-0827-6

© Copyright 2002 by Richard Pflaum Verlag GmbH & Co. KG
München • Bad Kissingen • Berlin • Düsseldorf • Heidelberg

Alle Rechte, insbesondere die der Übersetzung, des Nachdrucks, der Entnahme von Abbildungen, der Funksendung, der Wiedergabe auf fotomechanischem oder ähnlichem Wege und der Speicherung in Datenverarbeitungsanlagen, bleiben, auch bei nur auszugsweiser Verwertung, vorbehalten.
Die Wiedergabe von Gebrauchsnamen, Handelsnamen, Warenbezeichnungen usw. in diesem Werk berechtigt auch ohne besondere Kennzeichnung nicht zu der Annahme, dass solche Namen im Sinne der Warenzeichen- und Markenschutzgesetzgebung als frei zu betrachten wären und daher von jedermann benutzt werden dürften. Wir übernehmen auch keine Gewähr, dass die in diesem Buch enthaltenen Angaben frei von Patentrechten sind; durch diese Veröffentlichung wird weder stillschweigend noch sonst wie eine Lizenz auf etwa bestehende Patente gewährt.

Lektorat: Richard Pflaum Verlag
Redaktion und Herstellung: buchundmehr, München
Innenlayout: Carsten Tschirner, München
Satz: Mitterweger & Partner, Plankstadt
Druck und Bindung: LegoPrint, Trento

Informationen über unser aktuelles Buchprogramm finden Sie im Internet unter: http://www.pflaum.de

Inhalt

Geleitwort

Schlaganfall – Akutversorgung – Reha-Klinik – bis dahin stimmt alles. Aber was kommt danach? Nur allzu oft fallen die Patienten in das tiefe Loch der Mutlosigkeit und Isolation. Wie geht es zu Hause weiter?
An erster Stelle sollte die langfristige Veränderung des eigenen Verhaltens bzw. Lebensstils durch tägliche Bewegung und Sport, Psychologie, gesunde Ernährung und spezifisches Üben und Lernen stehen. Dem folgt, wenn nötig, die Einzeltherapie in Form von Physiotherapie und zu allerletzt die Möglichkeit der chemischen Therapie durch Medikamente. So sollte die Reihenfolge ein Leben lang aussehen.
Im geschützten Rahmen einer Klinik unter direkter Anleitung lässt sich diese Reihenfolge gut einhalten. Im Alltag läuft sie leider meist umgekehrt: zuerst Chemie, dann Physiotherapie und eventuell Psychologie, aber das Verändern des Lebensstils nur dann, wenn noch Kraft und Motivation vorhanden sind.

Ein erfrischender Ansatz

Dieses Buch beschreitet Wege, auf denen Lernen Spaß macht, ein Leben lang: so wie es vor allem der neurologische Patient benötigt. In der Klinik kann der Bewegungsfaden aufgenommen und dann nach der Entlassung weitergeführt werden.
Der Mensch (Patient) ist ein biologisches *und* gesellschaftliches Wesen. Demgemäß werden hier in sinnvoller Weise Übungen gezeigt, die das Gehirn trainieren, die Motorik schulen und die Kommunikation fördern. Die Übungen können für Rollstuhlfahrer, Gleichgewichtsgestörte und „Sportler" – angepasst an das jeweilige Belastungsniveau – gleichermaßen angewendet werden. Alle Physio-, Ergo- und Sporttherapeuten haben hiermit ein Werk zu Hand, das ihnen das methodische und inhaltliche Rüstzeug zur Gruppentherapie bietet.

Mit der Sporttherapie in der Klinik beginnen

Es werden körperliche und geistige Anregungen zugleich geboten, die das Ziel der verbesserten geistig-seelischen Leistungsfähigkeit verfolgen. Im Sinne von Friedrich Schmieder (Hirntraining, Realien-Verlag 1997) werden Auffassungsfähigkeit, Durchhaltefähigkeit, Einfallskraft und -fülle, Entschlussfähigkeit, Gruppenverständnis, Kreativität, Merk- und Gedächtnisfähigkeit, Reaktionsfähigkeit, Situationsverständnis und Überblicksfähigkeit geübt.
Das Zusammensein mit Anderen macht Spaß, es hilft dem Patienten sich immer wieder aus der Isolation zu lösen. Jeder Einzelne wird bei den Übungen aufgefordert, aktiv und kreativ mitzuarbeiten. Gut gestimmt lernt sich's leichter und eine Gruppe verstärkt die Lerneffekte nochmals. Bewegung stimmt heiter, sorgt für eine verbesserte Hirndurchblutung, kräftigt Herz und Bewegungsapparat.
Ideal ist die hier vorgestellte Kombination aller sinnvollen Elemente, besonders für Menschen nach einem Schlaganfall, die lebenslang lernen müssen.

Prof. Dr. W. Schönle
Chefarzt der Kliniken Schmieder, Allensbach

Vorwort

Leben ist nur durch Bewegung möglich. Von den motorischen Abläufen sind Bewegungsapparat, Organismus sowie letztlich Geist und Psyche abhängig.

Menschen mit Bewegungsbehinderungen vermissen wichtige Komponenten zur Wahrung ihrer individuellen Lebensqualität und zur Erhaltung ihrer Selbstständigkeit.

Selbstständigkeit erfordert Bewegungsfähigkeit

Besonders betroffen sind diejenigen, deren Bewegungsfähigkeit durch neurologische Erkrankungen eingeschränkt ist.

Bei Nichtbehandlung durch zu geringe motorische[1] Anforderungen manifestieren sich die Einschränkungen als fehlerhafte Bewegungsprogramme. Die Folge ist eine zunehmende Bewegungsunfähigkeit.

Die Betroffenen geraten in einen *Teufelskreis* von *Sich-nicht-bewegen-können, Sich-nicht-bewegen-wollen, Unsicherheit, Verspannungen, Schmerzen, Sich-nicht-bewegen können.*

Bewegungslosigkeit führt in einen Teufelskreis

Der zuverlässigste Motivationsfaktor ist die Freude am Tun, wenn eine bestimmte Handlung schon während der Durchführung Wohlgefühl erzeugt[2] und nicht erst mit der Zielerreichung. Die Lust dazu wird durch Reize aufrechterhalten und/oder geweckt, genauso die Bewegungslust. Das (oft unbewusste) Erleben von Konzentration, Beherrschen einer Situation, die Deckungsgleichheit zwischen Fähigkeit und Möglichkeit und das Empfinden von Kompetenz, Harmonie und Einheit mit sich selbst und der Umwelt lassen das so genannte *Flowgefühl*[2] [1] entstehen. Dabei spielt keine Rolle, durch welche Tätigkeit diese Erfahrung erreicht wird. Die Aussicht, dieses Gefühl wieder erleben zu können, wird zur treibenden Handlungskraft. Csikszentmihalyi nennt dies die *intrinsische Motivation*[3].

Erfolgserlebnisse, Freude, Genuss, Lustgefühle während der Bewegungsausführung und Konzentration auf einen Ablauf, Rhythmuserleben, Erkundung der eigenen Grenzen – diese erweitern –, Spüren der Sinne, Wohlgefühl der eigenen Körperlichkeit (Kraft, Beweglichkeit, Wärme, Durchblutung) und wohliges Erschöpftsein nach Anstrengungen produzieren diesen *Flow*.

Bewegung beeinflusst das Gefäßsystem positiv. Nur das fließende Blut versorgt die inneren Organe samt Bewegungsapparat mit den notwendigen Nährstoffen und transportiert Überflüssiges ab. Nerven bilden u.a. das Leitungssystem zur Steuerung dieser Abläufe.

---

[1] Motorik = Gesamtheit der Vorgänge, die Bewegung hervorbringen (Meinel/Schnabel, 1987)

[2] Bei Gesprächen mit Schlaganfallpatienten stellt sich immer wieder heraus, dass vorher ausgeübte Tätigkeiten einen hohen Motivationsfaktor haben: Versorgung der Familie, Kontakte zu anderen Menschen, Hobby usw.

[3] intrinsisch = von innen und freiwillig

Das lebensnotwendige motorische Zusammenspiel der inneren Organe, des Bewegungsapparats und des Nervensystems mit seinen Sinnen funktioniert umso besser, je mehr es von Genuss, Freude und Vergnügen geprägt ist. Eine wichtige Grundlage dazu ist ein individuell hohes Maß an Ernsthaftigkeit und Konzentration. Ohne sie findet der beschriebene *Flow* nicht statt.

Die Physiotherapie spricht die Sinne direkt an. Der Patient fühlt, sieht und erlebt. Der Körperkontakt zwischen Patient und Therapeut wirkt auf den entwicklungsmäßig ältesten Sinn, den Tastsinn des Menschen. Seine Wirkung erklärt sich u.a. durch das bewusst-unbewusste Erinnern an positive frühkindliche Erfahrungen. Diese Vertrautheit macht Mut und regt an. Die Anregung des Tastsinns sollte deshalb Eingang finden in alle weiterführenden Therapien.

Bewegungslust erhalten

Sehr viele Menschen bewegen sich nur, wenn sie es müssen bzw. weil der Arzt es verordnet hat, selten aus Lust. Das angestrebte Ziel ist, die Patienten so zu motivieren, dass sie sich bewegen wollen. Freiwilligkeit unterstützt die für die Selbstständigkeit notwendige Eigeninitiative und vermittelt ein Stück Freiheit. Daraus resultierend macht Bewegung eher Freude und hilft heilen.

... ist Aufgabe der Bewegungstherapie

Der Mensch ist auf Bewegung hin konzipiert. Er braucht sie in den unterschiedlichsten Formen. Grob- und/oder feinmotorisch, langsam und/oder schnell, dynamisch und/oder statisch, fließend und/oder im Stakkato, länger dauernd und/oder kürzer: zur Selbstversorgung, zur Selbstpflege (ADL[4]), bei Haus- und Gartenarbeit, Fortbewegung, Kontaktpflege zu anderen Menschen, zur Fortpflanzung, zum Tanzen, Wandern, Sport, Toben mit den Kindern, Hundausführen, zur Gesundheitserhaltung u.Ä. mehr.

Es ist möglich, die oft verloren gegangene Bewegungslust nachhaltig zu wecken. Gerade nach Hirnläsionen und anderen neurologischen Störungen ist das besonders wichtig für eine erfolgreiche Rehabilitation. Wie, soll hier gezeigt werden.

Wir hoffen, dass dieses Buch als Ergänzung zur physiotherapeutischen Einzeltherapie eine Lücke füllt im Bereich der Gruppentherapie neurologisch Erkrankter.

[4] ADL = activities of daily living

Einleitung

Neurologische Erkrankungen und Hirnläsionen sind sehr häufig. Die hohe Zahl an Überlebenden z.B. nach Schlaganfall erklärt sich durch den medizinischen Fortschritt. Die Früherkennung bei fortschreitenden (progredienten) Erkrankungen, wie Parkinson-Syndrom, ist genauer, und die Akutversorgung nach Schädelhirntraumen und Rückenmarkverletzungen ist schneller geworden. Die Konsequenz ist eine Verlängerung der Lebensdauer.

Risiko der Unselbstständigkeit

Werden die Betroffenen nicht weiter behandelt, kommt es durch die unaufhaltsame Verschlechterung zu Unselbstständigkeit, Langzeitpflege und/oder vorzeitigem Tod.

In der Aufklärung über die Frühanzeichen eines Schlaganfalls ist so viel geleistet worden, dass Betroffene früher als bisher in eine Akutklinik kommen. In der Frührehabilitation kann ein Patient sehr effektiv behandelt werden. Menschen, die früher nach einem Schlaganfall oder einer vergleichbaren Hirnläsion gestorben wären, können heute überleben. Die Gefahr einer Wiederholung ist jedoch trotz ärztlicher Behandlung nicht endgültig gebannt. Ein Schlaganfall erhöht das Risiko, einen erneuten und folgenreicheren Schlaganfall zu bekommen.

Das Parkinson-Syndrom zählt seit der Möglichkeit der Pharmakotherapie (z.B. mit der Gabe von L-Dopa in Kombination mit einem Decarboxylasehemmer) nicht mehr zu den rasch zur Unbeweglichkeit (Immobilität) führenden Erkrankungen.

Es gibt heute zwar immer mehr Unfälle, aber immer weniger Tote im Straßenverkehr. Im Jahr 1999 hat sich die Zahl der überlebenden Verletzten um 4,8 % gesteigert[5]. Das sind 521 000 verletzte Personen. Die Zahl der Verkehrsunfälle mit tödlichen Folgen hat abgenommen, aber nicht die Zahl der dramatischen Kopfverletzungen. Vor einigen Jahren sind viele Verkehrsopfer noch am Unfallort gestorben. Heutzutage steigen die Überlebenschancen. Rasche Kommunikation, schnellste Transporte mit gleichzeitigen Notoperationen, optimale Akutversorgung senken die Zahl der Unfalltoten drastisch.

Optimale Akutversorgung verlängert das Leben

Bisher verlängert die ärztliche Versorgung das Leben eines neurologischen Patienten. Aber sie garantiert keine Erhaltung der individuellen Lebensqualität. Zu dieser gehören für die meisten Menschen laut Befragungen neben dem anfänglichen Wunsch, wieder gehen zu können, die Erhaltung der Selbstständigkeit, Kontakte zu anderen Menschen und die Wiederaufnahme früherer Tätigkeiten. Hinzu kommen noch andere individuelle Faktoren wie Mobilität und die Möglichkeit, bestimmte Hobbys ausüben zu können.

---

[5] Statistisches Bundesamt Wiesbaden, 22.2.2000

Der Beitrag zur Erhaltung der Lebensqualität ist in jedem Fall von dem Patienten selbst zu leisten. Dies heißt in erster Linie zu lernen: lernen sich zu bewegen, Wünsche und Bedürfnisse zu äußern, diese in die Tat umzusetzen, Kontakte zu pflegen, Interessen nachzugehen, sich neu zu orientieren. Dies ist nur mit Unterstützung der personalen Umwelt möglich. Physiotherapeuten und Sporttherapeuten sind genauso angesprochen wie die Angehörigen.

Sehr wirksam ist das „Medikament Bewegung". Bewegung muss im Krankheitsfall wie eine Medizin angemessen dosiert verabreicht werden, bei Menschen mit Hirnläsionen ein Leben lang. Im Unterschied zur Arznei kann der Patient sie selbst produzieren. Er kann Einnahme und Dosierung so gestalten, dass sie bekömmlich ist. Doch dazu braucht er zunächst Anleitung.

In richtiger Dosierung[6] sorgt die Motorik, durch die Bewegung sichtbar gemacht und ihren eigenen Gesetzen folgend, für das Funktionieren des *Biosystems Mensch*. Der Mensch braucht neben der Zuwendung einzelner Pflegepersonen (auch wenn es Ehepartner oder Familienangehörige sind) den Kontakt zu anderen Menschen. Die dazu notwendigen Fähigkeiten, wie Gedanken, Emotionen und Informationen austauschen, Konflikte lösen, Hilfe annehmen, Hilfe geben, verstehen, zuhören, sich konzentrieren, wahrnehmen, reflektieren usw., müssen immer wieder geübt werden, sonst verlieren sie sich.

Vor allem in Krisensituationen neigen Menschen zu langem bis ausschließlichem und krank machendem Rückzug in Verbindung mit Inaktivität. Darauf folgen unweigerlich (therapie-)beeinträchtigende Depressionen und/oder lähmende Einsamkeit.

Durch Gruppentherapie Erfolge sichern

Wie es möglich ist, die physiotherapeutischen Erfolge der neurologischen Einzeltherapie langfristig durch Gruppentherapie zu sichern, soll in vorliegendem Buch beschrieben werden.

Angesprochen, folgende Anregungen aufzunehmen, sind

- ▷ Physiotherapeuten/innen. Sie haben sehr viel Erfahrung in der Einzeltherapie, aber nicht alle im Umgang mit Gruppen.
- ▷ Sporttherapeuten/innen, Übungsleiter/innen im Reha-Bereich und Gymnastiklehrer/innen. Ihnen fehlt meist der geübte Umgang mit vielen, individuell verschiedenen Behinderungsbildern in einer Gruppe.
- ▷ Alten- und Krankenpfleger, weil es in Heimen und ähnlichen Einrichtungen immer mehr Bewohner mit neurologischen Erkrankungen gibt.
- ▷ Neurologen, zur weiteren Aufklärung und Empfehlung an die Patienten, was Bewegung alles bewirken kann.

---

6 Anpassung an das individuelle kardiopulmonale Leistungsniveau; ausreichender Wechsel zwischen Beanspruchung und Regeneration; Berücksichtigung individueller Bedürfnisse.

Ziel soll sein, Sport- und Physiotherapie so miteinander zu verflechten, dass ein *roter (Bewegungs)Faden* vom Krankenbett bis in den Alltag nachvollziehbar ist. Dazu lernen Physiotherapeuten, gesundheitsorientiert mit mehreren Personen zu arbeiten, und Sportlehrer, individuelle Therapieziele zu berücksichtigen.

Zur Entstehung des Buches

Bedarf für neurologische Rehabilitation wächst

Die Erkenntnis, wie wichtig Bewegungstherapie in der Gruppe für neurologische Patienten ist, ist relativ neu. Die Chance, eine akute Hirnläsion zu überleben, besteht erst seit einigen Jahren. Dazu hat die ärztliche Kunst durch die verbesserte Akutversorgung[7], Diagnostik[8] und Aufklärung beigetragen. Erwiesenermaßen gehört Bewegung bei nahezu allen neurologischen Defekten zu den sinnvollsten medizinischen Maßnahmen. Je früher, je länger[9] und häufiger sie als Therapie eingesetzt wird, desto günstiger sind die Prognosen[10].
Es folgt die Entstehungsgeschichte der Bewegungsangebote, die in vorliegendem Buch beschrieben sind.

Bewegung und Sport bei der Nachsorge

Die Gerontologie untersucht die Entwicklungs- oder Veränderungsprozesse im gesamten Lebenslauf eines Menschen, nicht nur im Alter, und entwirft Interventionskonzepte.
Das Fach „Sport und Bewegung in Prävention[11] und Rehabilitation[12]" (früher und im Folgenden: Sportmedizin genannt) beschäftigt sich mit störenden und krankhaften Veränderungen und mit deren Heil- bzw. Linderungsmöglichkeiten durch Bewegung. Daraus entstehen Konzepte für Anwendungsmaßnahmen zu bewegungstherapeutischen Interventionen, vorbeugend und heilend.
Gemeinsam sind beiden Fächern die Untersuchungsgruppen: Kranke und Ältere. Einerseits sind sie sehr heterogen, andererseits haben sie die gleichen Bedürfnisse und Ziele: menschliche Nähe, Gesundheit, Selbstständigkeit und Wohlbefinden.

---

[7] Stroke Units

[8] Neue bildgebende Verfahren wie Computertomographie, Kernspintomographie usw.

[9] vgl. Mauritz, K.H. (2000): Evaluation der Rehabilitation nach Schlaganfall, Stiftung Deutsche Schlaganfall-Hilfe: Therapie und Rehabilitation

[10] Bewegungstherapie kann nicht immer alles heilen, aber sie lindert Krankheitsverläufe z.B. bei Parkinson-Syndrom

[11] Vorsorge: Verminderung, Verhinderung von Schäden

[12] Nachsorge: Schadensminderung, Vermeidung des Wiederholungsfalls

Der Mensch, ein geist- und vernunftbegabtes Lebewesen, kann handeln. Er hat die Chance, sich selbst der Umwelt anzupassen (Assimilation) und die Umwelt nach seinem Bedarf zu verändern (Akkomodation). Kennt er seine eigenen Bedürfnisse (Gefühle, Wünsche, Begabungen, Interessen, Fähigkeiten, Kontakte usw.) und Defizite (Krankheiten u.Ä.), und berücksichtigt er bestimmte naturgesetzliche Notwendigkeiten (Schlaf, Ernährung, Atmung, Lebensrhythmus usw.), so kann er ein für sich selbst zufriedenstellendes Leben führen und dabei lange seine Selbstständigkeit wahren. Damit entlastet er auch sein soziales Umfeld. Der schönste Nebeneffekt ist: Dieses Bestreben befriedigt und macht Freude.
Mein Interesse galt schon immer den Zusammenhängen zwischen Lebensweise/-stil und Bewegung. Deshalb habe ich nach ca. 20-jähriger Tätigkeit als Gymnastiklehrerin Sport studiert (das war eine Zulassungsbedingung), um die beiden Studiengänge Gerontologie und Sportmedizin abzuschließen.
Fragen, die mich dabei beschäftigten, waren:

- Was kann Bewegung alles bewirken?
- Wozu ist sie (noch) gut in unserer hochtechnisierten und zivilisierten Welt?
- Trägt sie zur Erhaltung der individuellen Lebensqualität bei?
- Was verändert sich, wenn sie fehlt?
- Warum geht es nicht ohne sie?
- Was sagt Bewegung aus und was nicht?
- Was fühlt man dabei?
- Wann macht sie krank, wann gesund?
- Gibt es falsche und richtige Bewegungen?
- Was hemmt die Bewegung: Der ganze Körper oder nur ein Teil, z.B. der eingeklemmte Nerv, der gelähmte Muskel? Oder etwas anderes? Die Seele, der Schmerz, die Steuerungsunfähigkeit?
- Was bedeuten Sport, Spiel und Bewegung?
- Ist es möglich, sich die Bewegungsfähigkeit bis ins hohe Alter zu erhalten?
- Wie geht es weiter, nach einer Zeit der *Bewegungslosigkeit*?
- Geht es überhaupt weiter?

Wie geht es nach einer bewegungsarmen Zeit weiter?

Den letzten Fragen, deren Antwort mich am meisten interessierte, habe ich versucht auf den Grund zu gehen. Anlässlich einer meiner Diplomarbeiten [2] konzipierten ein Mediziner und ich ein Forschungsprojekt unter dem Motto *„Es ist nie zu spät"* für sogenannte „Bewegungsmuffel". Inhalt war ein halbjähriges Gruppentraining zweimal pro Woche, jeweils eine Stunde. Mit einem Prä-Post-Test-Verfahren wurden psychosoziale und medizinische Daten festgehalten.
Es meldeten sich mehr als 40 Männer und Frauen von 65 bis 83 Jahren aus allen Bildungsschichten mit unterschiedlichsten Krankheitsbildern und -verläufen: etliche Schlaganfallpatienten im Rollstuhl sitzend, mit Geh- und Gleichgewichts-

problemen; Parkinson-Erkrankte, Rheumatiker, TEP[13]-Patienten, Krebskranke, Menschen mit Seh- und/oder Hörproblemen. Es gab unter den Probanden echte „Bewegungsmuffel" bis hin zu ehemaligen Leistungs- und Wettkampfsportlern. Alles war vertreten, nur keine jungen oder objektiv ganz gesunden Menschen.

Unterschiedliche Menschen in einer Gruppe

Trotz dieser ausgeprägten Bandbreite an unterschiedlichen Teilnehmern gab es nach sechs Monaten einheitliche Ergebnisse: Sie fühlten sich alle gesünder[14] und waren es auch objektiv[15].

Entscheidend war: Diese eigentlich inhomogene Gruppe entwickelte sich zu einem homogenen sozialen Gefüge. Diese Tatsache wurde von den Teilnehmern als das schönste und motivierendste Ergebnis bewertet.

Ausdruck fand es in einem weitaus höheren Aktionsniveau als vorher, in einer größeren Beweglichkeit und Mobilität *(Ich traue mich wieder auszugehen, zu reisen, mache mehr Besuche u.Ä.)*, in der Abnahme von Stürzen, Zunahme von Geschicklichkeit und Wendigkeit, im Nachlassen von Depressionen, Wiederaufnahme von früheren Tätigkeiten, die Selbstständigkeit *(Ich kann seit Jahren wieder alleine in die Badewanne steigen, meine Gardinen hänge ich wieder selbst auf)* und Eigeninitiative unterstützen *(gehe auf Menschen zu, bei nächster Gelegenheit geht's zum Sportverein)*.

Das Übungsgut, das ich damals didaktisch entwickelt hatte, um die 40 unterschiedlichen Personen „unter einen Hut" zu bekommen, ist die Grundlage der Bewegungsaufgaben dieses Buches. Die Übungen wurden, gemäß weiteren Erfahrungen mit neurologischen Patienten, modifiziert und deren Bedürfnissen angepasst.

Ich habe Elemente aus sehr vielen Bereichen mit einbezogen. Eine Kombination aus für die Teilnehmer vertrauten Sportarten und neuen Bewegungsarten: Atemschulung, Konditionstraining, Entspannungsverfahren, Psychomotorik, Yoga, Tanz, Aerobic, Übungen aus der *guten alten Gymnastik*, *New games*[16], darstellendes Spiel, Wassergymnastik, Sportspiele, Gerätetraining u.v.a.

Kombination aus vertrauten und neuen Bewegungsarten

Es gab kaum einen gemeinsamen Nenner unter den Teilnehmern. Anfänglich orientierungslos, habe ich Bewegungsaufgaben entwickelt, mit deren Hilfe ich die Bewegungsbedürfnisse und -fähigkeiten „so nebenbei" herausfinden konnte. Dies diente mir zur weiteren Orientierung und zum Planen des Unterrichts.

Resultate waren *Bewegungslotto* (5.6), *Blinder Bildhauer* (6.1), *Museumsnacht* (6.5), *Bodenkontakte* (6.2).

---

[13] TEP = Totalendoprothesen

[14] Tieferer Schlaf, geregeltere Verdauung, weniger Inkontinenzprobleme, geringere Schmerzen, bessere Gestimmtheit

[15] Blutdrucksenkung, Gewichtsabnahme, Kreislaufstabilisation

[16] Spiele ohne Verlieren und Gewinnen

Die ursprüngliche Prämisse, die Gesundheitsförderung, unterstützte offensichtlich die *Selbstständigkeit* der Teilnehmer.

Mein Bemühen als Trainerin war weiterhin, Nachahmung zu vermeiden; also den Frontalunterricht mit den Rollen von *Vorturner* und *Nachahmer.* Jegliche Art von Normierung und Vergleich, die der Frontalunterricht latent mit sich bringt, hätten Abhängigkeiten und erneutem Frust Vorschub geleistet. Kreativität, Selbstständigkeit und Eigeninitiative sollten während der Sportstunde gefördert werden.

Individuelle Dosierbarkeit

Um beobachten zu können, musste ich oft *draußen* bleiben. Das bedeutet, alle Bewegungsaufgaben so anzuleiten, dass ich als Trainer/Therapeut entbehrlich werde. Es gelang mir oft, mich auch verbal zurückzuziehen und die Dynamik der Bewegungsspiele der Gruppe zu überlassen, wie z.B. beim *Dreierball* (6.4).

Bei diesem Bewegungsspiel kann jeder mitmachen bzw. -laufen, soweit es ihm gut tut. Ist jemand langsamer oder weniger geübt, so stört es weder den Ablauf des Spieles, noch fällt er negativ auf oder muss ganz ausscheiden. Die Erfahrung hat mittlerweile gezeigt, dass vereinzelt auch sitzende Personen mitspielen können.

Bewegungsaufgaben mit *kognitivem Einsatz* hielten die *Kommunikation* in Fluss, unter den Teilnehmern selbst und zwischen mir und den Teilnehmern, wie bei *Datensammlung* (7.1), *Nummerngehen* (6.7).

Als sehr beliebt erwiesen sich die Gleichgewichtsübungen. Der Prozess des *Vertrautseins – Risiko eingehen – neue Sicherheit finden* unter Konzentration und Spannung löste sich hinterher immer in Heiterkeit und Vergnügen bei den Teilnehmern auf (Beispiele: *Balancierkreis*, 6.10, *Rempeln*, 6.8, *Schlenkerpuppe*, 7.5).

Die gesammelten Erfahrungen während der Übungsstunde mussten wegen des Interventionsprotokolls schriftlich festgehalten werden. Sie dienten als Richtlinie für die folgenden Sporttherapiestunden. Der Kreativität der jeweiligen Teilnehmer habe ich es zu verdanken, dass immer mehr Stoff dazukam. So ist eine Sammlung an Bewegungsspielen entstanden, die es ermöglicht, viele unterschiedliche Bewegungsbedürfnisse und Leistungsniveaus „unter einen Hut“ zu bringen.

Danksagung

Wegbegleiter und Wegbereiter

Die Erstellung des vorliegenden Buches ist ein Stück meines Lebenswegs mit vielen Wegbegleitern und Wegbereitern. Teils unbeabsichtigt, teils bewusst und freiwillig haben sie sich daran beteiligt. Bei allen möchte ich mich herzlichst bedanken.

Höchst erfreulich und fruchtbar war die Zusammenarbeit mit meiner Tochter Kathrin. Fachlich (als Physiotherapeutin) und spielerisch-kreativ stand sie mir bei der Gestaltung und Durchführung der Bewegungsspiele zur Seite.

Bedanken möchte ich mich bei allen Kursteilnehmern, die mir durch ihre Offenheit, Kritik, Freude und Geduld (manches ging nämlich anfangs ganz schön daneben) bei der Verfeinerung der Abläufe geholfen haben.
Ganz besonderer Dank gilt Frau Ingeborg Liebenstund für ihre Ausdauer während der Manuskripterstellung. Manches Mal, wenn mir der Mut sank, motivierte sie mich aufs Neue.
Ein hohes Maß Unterstützung erhielt ich u.a. bei dem neurologischen Teil des Buches durch stundenlange Diskussionen mit Herrn Dr. Ruch-Trinkle (Kreiskrankenhaus Saale-Unstrut). Der folgende „Vorspann", den er verfasst hat, ermunterte mich immer wieder:
„Die Rehamediziner behaupten es seit Jahren: Das Gehirn ist bis zum letzten Atemzug lernfähig. Beweise wurden mittels PET und anderen Untersuchungen zur Genüge erbracht. Und nun fiel das letzte Dogma: Nervenzellen sind zur Zellteilung in der Lage! Bewiesen wurde es bisher nur an Ratten, der Nachweis am Menschen wird folgen. Wichtig jedoch ist: Selbst nach Hirnschädigungen können Funktionen, zumindest teilweise, erhalten bzw. wieder hergestellt werden. Die Bedingungen: Training mit Spaß und Freude. Und das ist es, was das Buch vermitteln will und soll. Weg mit der knochentrockenen Übungseinheit; hin zum spielerischen Erlernen wie Erhalten multipler senso-motorischer Funktionen beim Älteren. Kann es denn ein höheres Ziel geben, als mit Freude zu leben? Hoffentlich wird diese Botschaft von einigen Anwendern übernommen!"

Spielerisches Erhalten senso-motorischer Funktionen

Desgleichen danke ich Herrn Dr. Rössy (Sankt Rochus Klinik Bad Mingolsheim) für das Korrekturlesen des Manuskripts. Die Fotos sind fast alle aus dem Leben gegriffen. Meinem Schüler, dem Hobbyfotografen Dr. Herbert Krzcal, und Frau Sabine Hundertmark sei hiermit herzlichst gedankt. Ebenso den Fotomodellen: Liselotte Ahlers, Jutta Antepohl, Ilse Bernhard, Waldemar Bernhard, Erika Fröhlich, Marie Gärtner, Joseph Gerhäuser, Arnold Gottfried, Ingeborg Häcker, Helga Heieck, Karin Nemela, Friederike von Riedesel, Christine Ruf, Walter Schleweis, Karde Schuth, Inge Stondzik, Wilhelmine Wagenblass, Frau Wilhelmi und anderen.
Und ich freue mich sehr, dass der Pflaum Verlag Druck und Bearbeitung des Buches übernommen hat.

Friederike Ziganek-Soehlke — im Herbst 2001

1 Theoretische Grundlagen

Die folgenreichen Auswirkungen von Läsionen des zentralen und peripheren Nervensystems zu begreifen, erfordert Kenntnisse über die komplexen Aufgaben des Nervensystems. Die folgenden theoretischen Grundlagen sind für diejenigen gedacht, die nicht vom *neurologischen Fach* sind. Deshalb werden, wenn möglich, „Medizinerjargon" und lateinische Fachbegriffe vermieden.

Kenntnisse können Heilungsprozesse unterstützen

Erwiesenermaßen fördert das Wissen über physiologische Vorgänge im eigenen Körper den Heilungsprozess. Es verringert die Angst bei den zunächst unerklärbaren diffusen Störungen, indem es Klarheit beim Patienten schafft. Ärzte und Therapeuten sollten deshalb immer versuchen, den Patienten und ihren Angehörigen die Wirkungsweise des Nervensystems bildhaft darzustellen.

1.1 Aufbau des Nervensystems

Das Nervensystem hat die Aufgabe, das Lebewesen Mensch, ein *Biosystem*, in Bewegung zu halten. Die Bewegung wirkt lebenserhaltend. Die zahlreichen Bedürfnisse, die sich entwicklungsgemäß verändern, müssen ständig aufs Neue an die wechselnden Umweltbedingungen angepasst werden. Dazu sind Vorgänge schnellstmöglicher Wahrnehmung, ebensolcher Übertragung, Registrierung, Rückmeldung, Speicherung und Ausführung notwendig. Das Nervensystem muss und kann sehr schnell arbeiten. Dementsprechend vielfältig ist es aufgebaut. Das gesamte Nervensystem ist ein Gewebe, das sich durch den ganzen Körper zieht, gleich einem elektronischen Telefonkabelnetz in einem besiedelten Land: mit Regierungssitz und Verwaltung in der Hauptstadt *(Gehirn)*, mit Energie- und Versorgungswegen *(Magen, Blutkreislauf, Hormonsystem)*, Umschlagplätzen *(Organismus)*, Wasserwirtschaft und Müllabfuhr *(Lymphbahnen, Nieren und Darm)*, mit viel Landschaft *(Bewegungsapparat)* und deren Randgebieten *(Arme und Beine*

= *Extremitäten)*, Grenzschutz *(Haut)*, Schutz- und Warnsystem *(Sinnesorgane)*, Sozial- und Familienpolitik *(Sexualorgane)*, Luftzufuhr und Klimaschutz *(Kardiopulmonalsystem)*, Freizeitangeboten und Bildungssystem *(Sensorik)*.

Man unterscheidet anatomisch:

Gehirn, Rückenmark und peripheres Nervensystem

- das Gehirn, eingebettet in die Schädelknochen, als Schaltstelle *(für alle Vorgänge im Land)*
- das Rückenmark, das im Wirbelkörperkanal liegt *(Weiterleitung der Signale)*
- das periphere Nervensystem, das sich mit seinen wegführenden *(Efferenzen[17], Anrufe nach draußen in die Randgebiete)* und zurückführenden *(Afferenzen[18], Rückrufe aus den Randgebieten)* Bahnen in Rumpf und Gliedmaßen (Extremitäten) als Leitung befindet *(Überlandkabel zur Miteinbindung der Randgebiete durch Versorgung, Kontrolle und Rückmeldung)*.

Das Gewebe der Nerven besteht aus den Neuronen (Zellkörper mit Fortsätzen) und den Gliazellen, dem Stützgewebe. Die Neurone stehen durch spezielle Verbindungsstellen, die Synapsen, in Kontakt miteinander. Verbunden mit den Muskelzellen, den ausführenden Organen, sind die Neurone durch die Rezeptoren. Sie reagieren auf spezifische Reize [3] bzw. Erregungen.

1.1.1 Gehirn

Die Schaltstelle, das Gehirn, ein ca. 1,5 Kilogramm schweres Gebilde aus etwa 125 Milliarden Nervenzellen, besteht aus zwei Hälften *(Hemisphären)*. Verantwortlich für alle Abläufe, die im Organismus vor sich gehen, *steht es permanent unter „Schwachstrom"*. Je nach Anforderung stellt es den „Starkstrom" *(Sympathikus)* oder den „Nachtstrom" *(Parasympathikus)* ein. In seiner Leistungskapazität übertrifft[19] das Gehirn jeden Computer. Hier werden die Signale *aufgenommen, aufbereitet* und *verwaltet bzw. weitergegeben*. Im Gehirn werden alle Entscheidungen getroffen, Konzepte und Strategien entwickelt, um das *Biosystem Mensch* lebendig zu halten.

Konzeptentwicklung

Für die verschiedensten Situationen und Bedarfsfälle gibt es sofort einsetzbare Handlungsprogramme *(günstige* = Eu-Adaptation[20] *und nicht so günstige* = Mal-Adaptation[21]*)*: z.B. beim Fehlen von Heiz- und Rohstoffen *(Hunger und Durst)*, Rohstoffverteilung *(Verdauung)*, bei Stromausfall *(Kreislaufkollaps)*, bei Verhinde-

[17] Efferenzen = nach draußen: vom Gehirn zum Rumpf und zu den Extremitäten
[18] Afferenzen = nach innen: von den Extremitäten und dem Rumpf zum Gehirn und Rückenmark
[19] Im Idealfall: wenn der Nutzer gesund und motiviert ist
[20] Eu-Adaptation = langfristig sinnvollere Strategie
[21] Mal-Adaptation = meist ein Weg mit geringerem Widerstand, nur kurzfristig sinnvoll, auf die Dauer schädigend

rung von Mitarbeitern *(z.B. Hirnzellen in der Zentrale, Hand in der Außenstelle u.Ä.)*, Angriff auf/durch die Polizei *(Immunsystem)*, im Kriegsfall *(schwere Notzustände durch Verletzungen, „Eindringen von Feinden" u.Ä.)*. Je nach Informationsfluss, je nach erworbenen Strategien und Erfahrungen wird dem Handlungsbedarf entsprochen.

Die Hirnnerven liegen im Gehirn. Sie bestehen aus einem zentralen und peripheren Anteil. Mit einer Ausnahme sind sie für die sensible, sensorische, motorische und sekretorische Versorgung der Strukturen im Gesichts-Kopf-Bereich zuständig.

Das Gehirn erstellt Handlungsprogramme, die es ermöglichen, dass entsprechende Entscheidungen gefällt und Aufträge erteilt werden können, um u.a.

- Kälte auszugleichen: z.B. Bewegen der Füße oder Zittern des Körpers bzw. aktive Bewegung zur Kreislaufanregung oder einen wärmeren Platz aufsuchen
- Hunger zu dämpfen: z.B. Nahrungssuche oder Ablenkung durch Konzentration auf anderes
- oder wenn nötig, ganz neue Strategien zu entwickeln.

1.1.2 Rückenmark

Das Rückenmark verläuft vom 1. Halswirbel durch den Wirbelkanal bis etwa zum ersten Lendenwirbel. Das periphere Nervensystem [4] besteht aus den Rückenmarksnerven. Diese verlaufen von/zu den jeweiligen Endorten an Rumpf und Extremitäten (je nach Segment) durch das Rückenmark im Wirbelkanal ziehend vom/zum „Verwaltungs- und Regierungssitz". Diese Nervenbahnen sind wie eine Autostraße konzipiert. Jede Richtung hat ihre eigene Bahn. Die zum Rückenmark hinführenden nennt man *afferent*, die wegführenden *efferent*. Rückenmarksnerven sind für die motorische und sensorische Versorgung von Rumpf und Extremitäten zuständig.

Afferente und efferente Nervenbahnen

1.1.3 Peripheres Nervensystem

Die einzelnen Nervenzellen werden von der Glia getragen und geschützt. Der Raum zwischen den Neuronen wird von Gliazellen ausgefüllt [5].

1.2 Aufgaben des Nervensystems

Das Nervensystem hat viele lebenswichtige Aufgaben zu erfüllen. Es ist permanent für alle Bewegungen verantwortlich, vom einfachsten Überlebensreflex des Menschen bis zu den hochkomplizierten Handlungs- und Gedankenabläufen sowie für das Funktionieren der Organe – immer mit dem Ziel, das Biosystem Mensch in Gang zu erhalten. *Dazu leiten die Nervenzellen Erregungen über kürzere oder weitere Strecken und dienen im Zentralnervensystem der Informationsverabeitung* [6].

Einheitliches Ziel der Lebenserhaltung durch unterschiedliche Systeme mit unterschiedlichen Aufgaben

Um die vielen verschiedenen Aufgaben ausführen und koordinieren zu können, haben sowohl die Schaltstelle, das Gehirn, als auch das restliche Nervensystem unterschiedliche Funktionen.

Das Nervensystem wird nicht nur der Lage, sondern auch der Funktion entsprechend in das zentrale und periphere Nervensystem eingeteilt. Das autonome Nervensystem ist dem Willen in der Regel nicht zugänglich. Es ist für die Innervation der inneren Organe zuständig.

Die Atmung wird sowohl durch das willkürliche als auch das vegetative Nervensystem beeinflusst. Der Mensch atmet, solange er lebt, meist unbewusst, je nach Beanspruchung, Gefühlslage und Gesundheitszustand: von sehr langsam bis sehr schnell, sehr oberflächlich bis sehr tief, von rhythmisch und regelmäßig bis völlig unregelmäßig.

Er kann den Atmungsvorgang darüber hinaus unmittelbar mithilfe der Atemmuskulatur willentlich lenken. Dies kann geschehen durch jegliche Art von

- Geräuschen mit Kehlkopf, Stimmbändern, Zunge und Mund
- bewusstem Riechen und Schnuppern
- atemtherapeutischen Verfahren
- Körperstellungen.

Unwillkürlich wird die Atmung durch die Lebensweise gesteuert. Eine ausgeglichene Lebensweise (Wechsel von Aktivität und Entspannung, lösbare Probleme, heitere Gestimmtheit) fördern die ruhige und tiefe, Unruhe und Angst dagegen eine schnelle Atemweise. Bei Letzterer kommt die lebenswichtige Sauerstoffversorgung zu kurz, und der Blutdruck steigt. Ziel sollte es darum sein, die Fähigkeiten zu üben, die zur größtmöglichen Ausgeglichenheit in allen Lebenslagen führen. Dazu zählen die Entspannungsverfahren des Autogenen Trainings, Yoga, die bewusste Atemführung in Stress-Situationen und Formen des Konditionstrainings.

Sympathicus und Parasympathicus

Das autonome Nervensystem (auch: Vegetativum) wird in das sympathische und parasympathische System unterteilt. Beide kontrollieren bzw. regulieren dieselben Organe mit gegenläufigen (antagonistischen) Auswirkungen, was im Folgenden vereinfachend dargestellt wird.

In Spannungssituationen wie Kampf, Flucht, Arbeit und Stress ist der Sympathikus aktiv und sorgt für Erweiterung der Bronchien zur Sauerstoffversorgung, für Mobilisierung von Glukose in der Leber und Erhöhung des Herzschlags zur Erhaltung des Blutkreislaufs. Gleichzeitig hemmt er die Aktivitäten des Verdauungstraktes, die Sekretion der Drüsen, die Kontraktion der glatten Muskulatur. Er fördert die Kontraktionsbereitschaft der Skelettmuskulatur.

Der Parasympathikus hingegen wird in Ruhesituationen aktiv, z.B. während des Schlafs. Der Herzrhythmus wird langsamer, und die Sekretion der Drüsen arbeitet besser, die Verdauungsvorgänge werden angekurbelt. Der Körper regeneriert umso eher, je mehr der Parasympathikus mit dem Sympathikus im Intensitätsverhältnis von zwei zu eins regiert. Tiefe Entspannung braucht immer eine vorausgehende positive Spannung (Eu-Stress) oder Beanspruchung (Flow).

Wechselspiel von Spannung und Entspannung

Beide Systeme sind ständig aktiv mit wechselnder Betonung. Sie sind insofern voneinander abhängig, da das eine System sich der Intensität des anderen anpasst. Je mehr körperlicher und/oder geistiger Einsatz (Eu-Stress), desto besser, nicht unbedingt länger, der Schlaf (weil sich die Tiefschlafphase schneller einstellt) bzw. desto effektiver die Regeneration.

1.3 Neurologische Störungen

Zu Schädigungen des Nervensystems kommt es meist durch Hirnverletzungen infolge von Unfällen und Schädelhirntraumen, durch Parkinson-Syndrom, Multiple Sklerose und Schlaganfall.
Zu den Störungen zählen:

- Bewegungssymptome
- Apraxien
- Ausfall der sensorischen Kontrolle
- Störungen räumlicher Leistungen
- Aufmerksamkeitsstörungen
- Lern- und Gedächtnisstörungen
- Störungen der Sprache und des Sprechens
- Neglect.

1.3.1 Hirnläsionen und deren Bewegungssymptome

Hirnläsionen können Verlangsamung, Verzögerung und Verlust der Bewegung bewirken (Beispiel Parkinson-Syndrom).
Zu unterscheiden sind die Störungen von Paresen bis Plegie im Bereich des ersten und/oder des zweiten Neurons (= zentrale, spastische oder periphere/schlaffe Parese).
Wie unterschiedlich sich deren Symptome zeigen können, beschreiben Bühlmann und Froesch. Störungen der Koordination (Ataxie) kommen zum Beispiel bei Kleinhirntumoren, Polyneuropathie, Multipler Sklerose vor. Reine Funktionsstörungen (d.h. ohne strukturelle Schädigungen) sind reversibel.

1.3.2 Apraxien

Apraxie ist eine Störung der *Bewegungsplanung und -abfolge.* Betroffen sind dabei die Auswahl und richtige zeitliche Aufeinanderfolge von Einzelbewegungen [7]. Im Alltag macht sich diese Störung bemerkbar durch falschen Gebrauch von Objekten oder durch das Vertauschen der Reihenfolge von Handlungen, was dann oft als Folge von Ratlosigkeit zu Abbrüchen führt.

Erstaunlich ist immer wieder, dass Patienten mit einer Apraxie manche Bewegungen nur dann nicht ausführen können, wenn sie dazu aufgefordert werden. Aus eigenem Antrieb, automatisch, reflexartig und/oder unbewusst gelingt ihnen diese Bewegung dagegen.

Die Unfähigkeit, eine Handlung zu vollziehen, liegt in diesen Fällen nicht an einer Störung der Bewegungsausführung, sondern an der Störung der Bewegungsplanung.

Apraxien können sich auch nur auf einzelne Körperpartien beziehen. Bei der sog. Gangapraxie zum Beispiel geht der Patient breitbeinig, mit kleinen und zögerlichen Schritten und unterschiedlich arrhythmisch. Er hat ferner Probleme, sich zu drehen, sowohl im Stand als auch im Liegen. Auch Zungenapraxien sind möglich, die es verhindern, Wörter genau zu formulieren.

1.3.3 Bewegungsstörungen bei Ausfall der sensorischen Kontrolle

Bewegung (= sichtbare Motorik) und Sensibilität – die Wahrnehmungen von Auge, Ohr, Nase, Mund und Haut – sind vernetzt. Jede Bewegung hat ein vorgegebenes Ziel, das durch einen inneren oder äußeren Reiz signalisiert wurde. Werden Wahrnehmungssignale aufgrund peripherer Nervenläsionen oder Unterbrechungen nicht mehr zum Gehirn geleitet, so wirkt sich das auf die Motorik aus. Sensibilitätsstörungen, spinale und periphere Ataxien beruhen auf der Schädigung sensibler Bahnen.

1.3.4 Konzentrations- oder Aufmerksamkeitsstörungen

Ein Großteil der Patienten leidet unter Konzentrationsstörungen

Aufmerksamkeitsstörungen haben immer negative Auswirkungen auf die Lernfähigkeit, die bei neurologischen Krankheitsbildern die Voraussetzung einer erfolgreichen Therapie ist. Nachweislich, je nach Studie, sind bis zu 80% der Patienten nach Schlaganfall, Schädelhirntraumen oder nach anderen Erkrankungen des zentralen Nervensystems davon betroffen [8]. Ausreichende Konzentrationsfähigkeit ist sowohl für die berufliche Wiedereingliederung als auch für die Erhaltung der Selbstständigkeit notwendig.

Unterschieden werden folgende Arten der Aufmerksamkeit:

- dauernde Aufmerksamkeit (= tonische) oder durch einen Reiz erhöhte Aufmerksamkeit (= phasische) (einschließlich der so genannten Informationsverarbeitungsgeschwindigkeit)
- auf einen Punkt gerichtete (selektive oder fokussierte) Aufmerksamkeit
- geteilte Aufmerksamkeit auf zwei und mehr Dinge oder Abläufe gleichzeitig.

Ist eine dieser Komponenten betroffen, so wirkt sich das komplizierend auf den Therapieverlauf aus. Ein entsprechendes Training kann die Schädigung beheben oder minimieren.

1.3.5 Störungen räumlicher Leistungen

Das Maß der Selbstständigkeit ist auch von der räumlichen Orientierungsfähigkeit abhängig. Ist sie gestört, kann der Patient seine körperliche Lage nicht einordnen und findet sich im Raum nicht zurecht. Er ist unfähig zu sagen, wo rechts und links oder hinten und vorne ist.

1.3.6 Lern- und Gedächtnisstörungen

Die Aufnahme, das Behalten (kurz- und langfristig) und das Abrufen verbaler und nonverbaler Informationen gehören zu den Lern- und Gedächtnisleistungen. Ihre Störungen sind neben den Aufmerksamkeitsstörungen *das zweithäufigste Leistungsdefizit nach erworbener Hirnschädigung* [9]. Diese zu lindern gehört mit zu den sehr wichtigen Zielen der Therapie (z.B. *Bewegungslotto*, 5.6).

Die Art der Gedächtnisstörung ist abhängig von der betroffenen Hirnregion

Es gibt unterschiedliche Gedächtnisstörungen. Sie unterscheiden sich durch Schweregrad und in der betroffenen Hirnregion. Es gibt sowohl partielle, kleinere Störungen als auch schwere und große.

So kann z.B. mehr die verbale (Texte, Telefonnummern, Namen etc.) oder die non-verbale Region (Gesichter, räumliche Anordnung etc.) betroffen sein.

Die fluide Intelligenz (Umgangsfähigkeit mit dem Wissen) kann intakt sein, während die kristalline Intelligenz (Wissen) ausfällt.

Spricht man vom Gedächtnis, so werden Kurzzeit-, Arbeits-, Langzeit-, Alt- und prospektives Gedächtnis unterschieden sowie das Lernen an sich.

Das Kurzzeitgedächtnis mit einer begrenzten Speicherkapazität speichert die Informationen bis zu ca. 60 Sekunden. *Durch ständiges, inneres Wiederholen kann die Behaltenszeit auf mehrere Minuten ausgedehnt werden* [10].

Auch das Arbeitsgedächtnis wird von einigen Autoren zum Kurzzeitgedächtnis gezählt. *Man versteht darunter die Manipulation bzw. Verarbeitung von Informationen.* Das Wissen wird praktisch vorbereitet für die Langzeitspeicherung.

Im Langzeitgedächtnis können Informationen bis zu Jahren und lebenslang gespeichert werden.
Unter Altgedächtnis versteht man das Gedächtnis für Informationen, die vor der Hirnschädigung erworben wurden (retrograde Prozesse).
Das prospektive Gedächtnis meint die Fähigkeit, sich an Dinge zu erinnern, die die Zukunft betreffen, also Pläne, Vereinbarungen, Termine u.Ä.
Lernen heißt, neue Informationen aufnehmen, sie zuordnen, speichern, sie bei Bedarf wieder abrufen (decodieren) und sich dementsprechend zu verhalten.
Lernen kann und muss genauso geübt werden wie Gehen und Stehen.

1.3.7 Neglectformen

Der sensomotorische Neglect bedeutet das Nicht-Wahrnehmen einer Körperhälfte. Man spricht auch von einer Störung des inneren Abbildes einer Raum- und/oder Körperhälfte. Auch hier gibt es verschiedene Ausprägungen.

Neglect = Vernachlässigung

Neglectphänome können visuell, akustisch oder somato-sensorisch isoliert oder in Kombination auftreten. Schwere Neglectformen gehen häufig mit einem *Nichterkennen der eigenen Krankheitssymptome* einher (Anosognosie).
Da die linksseitigen Vernachlässigungssymptome resultierend aus einer rechtsseitigen Hirnschädigung am häufigsten, schwersten und am längsten andauernd sind, werden diese beispielhaft beschrieben.
Ein *visueller* Neglect (z.B. für das linke Gesichtsfeld) kann sich bemerkbar machen durch

- ▷ Anstoßen an Hindernissen auf der linken Seite
- ▷ Übersehen von Personen, die sich links befinden
- ▷ Benutzen der rechten Flurseite
- ▷ Lesestörungen: Die Patienten fangen z.B. in der Mitte der Seite zu lesen an bzw. lassen auf der linken Seite Wörter und Buchstaben aus.

In manchen Fällen ist auch das Gehör betroffen. Der Patient hört nicht, was von der linken Seite kommt (akustischer Neglect).
Beim *somato-sensorischen* Neglect werden linksseitige Berührungen nicht wahrgenommen. Das kann zu Verletzungen führen.
Beim Neglect der *räumlichen Wahrnehmung* scheint eine Seite der Welt für die Patienten nicht zu existieren. Sie zeichnen und beschreiben beispielsweise nur eine Seite eines Hauses oder eines Bildes, lassen die eine Hälfte des Essens auf dem Teller liegen, obwohl sie noch Hunger haben.
Auch das innere Abbild des eigenen Körpers kann gestört sein [11]. Der Patient rasiert, kämmt und wäscht sich nur rechts, obwohl er es auch links könnte. Er zieht sich beispielsweise nur den rechten Schuh an.

Bei der Anosognosie behauptet der Patient z.B., er sei nicht gelähmt und er könne sich nur nicht bewegen, weil er müde sei. Manche Patienten entwickeln auch Hass und Unmut auf ihre gelähmten Gliedmaßen.

1.3.8 Störungen der Sprache und des Sprechens

Aphasie behindert die Kommunikationsfähigkeit

Eine Sprachstörung aufgrund einer erworbenen Hirnschädigung nennt man *Aphasie.* Sie kann die Fähigkeiten zu verbalen Äußerungen isoliert betreffen: Sprache, Verstehen, Lesen und Schreiben. Störungen des Sprechens betreffen die Aussprache: Lautstärke, Redefluss und die Sprachmelodie. Ursache sind Defizite in der Motorik der Sprachwerkzeuge. Sie kommt in Kombination mit Aphasien und in unterschiedlichen Schweregraden vor.

Es ist anzunehmen, dass durch eine Aphasie auch andere psychische Bereiche in Mitleidenschaft gezogen werden, die Auswirkungen auf die Motorik haben.

Die Kommunikationsfähigkeit ist dementsprechend beeinträchtigt. Der Patient kann sich sehr oft nicht so ausdrücken, wie er es möchte, obwohl er alles verstanden hat. Auf die Dauer fehlt ihm das angemessene Feedback, auf das er eigentlich sehr angewiesen ist. Die Folge sind lähmende Einsamkeitsgefühle – ein weiterer Grund, die Kommunikationsfähigkeit durch das Zusammensein mit anderen Menschen zu trainieren.

1.3.9 Schlussfolgerung

Nach neuesten Erkenntnissen ist es möglich, Neurone nach Schädigungen zu reaktivieren. Symptome wie Apraxien und Orientierungsstörungen oder Ausfall der sensorischen Kontrolle, Konzentrationsschwächen, Lern- und Gedächtnisstörungen, Aphasien und Neglect könnten bis ans Lebensende therapiert werden.

Neben exakten Fachkenntnissen in Diagnostik und gezielter Therapie gehören zum Umgang mit den Betroffenen Geduld, Verständnis und Empathie.

1.4 Neurologische Erkrankungen

Zu neurologischen Erkrankungen zählen alle erworbenen oder angeborenen Schädigungen des zentralen und des peripheren Nervensystems: z.B. Schädel-Hirn-Trauma, Schlaganfall, Multiple Sklerose, Hirntumore und Parkinson-Syndrom.

Unterschiedliche neurologische Erkrankungen kommen in fast allen Altersgruppen vor. Schädel-Hirn-Traumen, Tumore und Hirnhautentzündungen (Meningitis) treten eher bei Jüngeren auf, Parkinson-Syndrom eher im Alter, genauso alle degenerativen Hirnerkrankungen. Die Multiple Sklerose ist eine Erkrankung im frühen Erwachsenenalter. Schlaganfall kommt zunehmend auch bei jüngeren Menschen vor.

Typisch für neurologische Erkrankungen sind ihre sehr unterschiedlichen Auswirkungen.

Große unterschiedliche Auswirkungen

Im vorliegenden Buch wird hauptsächlich auf die Symptome des Schlaganfalls und des Parkinson-Syndroms eingegangen.

Eine ausführliche Beschreibung der Symptome einzelner neurologischer Erkrankungen geht über den Rahmen dieses Buches hinaus. Die Diagnostik, Aufklärung und Behandlung der Betroffenen muss dem Facharzt für Neurologie überlassen werden.

1.4.1 Schlaganfall

Zum Oberbegriff Schlaganfall gehören Hirninfarkt, Hirnblutung und Subarachnoidalblutung [12]. Bei allen handelt es sich um scheinbar *plötzliche* folgenreiche Durchblutungsstörungen. Beim Hirninfarkt fließt zu wenig bzw. gar kein Blut mehr in einem bestimmten Bereich. Es kommt zum Stau, der den Druck erhöht. Durch Sauerstoffmangel werden Neurone geschädigt und/oder sterben ab. Bei Hirnblutungen kommt es zur Verletzung eines Gefäßes. Das Hirngewebe wird lokal zerstört.

Wichtigster Risikofaktor bei allen Schädigungen ist zu *hoher Blutdruck*, weitere Risikofaktoren sind Übergewicht, Bewegungsmangel, Diabetes, Nikotin- und Alkoholmissbrauch, Arteriosklerose und Herzerkrankungen.

Durch eine Verminderung der Durchblutung (Ischämie) werden die Hirnzellen sowohl reversibel als auch irreversibel (ohne Rückbildungschancen) geschädigt. Medizinische Akutmaßnahmen übernimmt der Facharzt; sie zielen darauf ab, zu verhindern, dass aus reversiblen Beeinträchtigungen irreversible Schäden werden.

Durchblutungsstörungen im Gehirn schädigen die Hirnzellen

Zur Vermeidung eines Wiederholungsfalles ist es notwendig, möglichst viele Risikofaktoren auszuschalten. Mehr Bewegung hält den Kreislauf in Schwung, hilft bei Übergewicht, bei Problemen mit Diabetes, zu hohem Blutdruck, senkt die Blutfettwerte. Und mehr Bewegung ebnet den Weg zum Nichtrauchen, weniger Alkoholgenuss und zu gesünderer Ernährung.

Beim **Hirninfarkt** entstehen die Durchblutungsstörungen des Gehirns (zerebrale Ischämie) durch Verschlüsse oder hochgradige Einengungen (Stenosen) von zum Hirn führenden Arterien (z.B. der Arteria carotis im Halsbereich) oder von Hirnarterien [13].

Vorläufer sind oft Herzinfarkte. Im Herzen bilden sich durch Funktionsstörungen Blutgerinnsel (Thromben). Lösen sie sich, können sie Hirngefäße verschließen (Embolie).

Die Auswirkung von Hirninfarkten hängt von ihrer Lokalisation ab. Selbst kleinste lakunäre[22] Infarkte können schwere Defizite zur Folge haben, wenn sie eine strategisch wichtige Region im Hirn treffen.

Bei der **Hirnblutung** werden die Hirnzellen durch das Einströmen des Blutes und den dadurch erhöhten Druck zwischen Nervenfasern und Hirnzellen geschädigt. Die Schwere der Schädigung hängt u.a. von der eingeströmten Blutmenge ab, die sich in das Hirn ergießt.

Die Ursache einer **Subarachnoidalblutung** ist meist eine *angeborene Gefäßwandaussackung mit Wandschwäche* [14].

1.4.2 Multiple Sklerose

Progrediente Bewegungsstörungen

Bei Multipler Sklerose, deren Ursache noch unbekannt ist, handelt es sich um eine entzündliche Erkrankung des Zentralen Nervensystems. Betroffen sind Gehirn und/oder Rückenmark. In ihrem schubweisen oder chronisch progredienten Verlauf kommt es zu Schädigungen der Markscheiden und Nervenfasern. Klinisch kommt es zu Ataxien, Paresen und zu Spastik. Die Folge sind zunehmende Bewegungsbeeinträchtigungen und Aufmerksamkeitsstörungen.

Multiple Sklerose tritt schon in jungem Erwachsenenalter auf.

1.4.3 Parkinson-Syndrom

Das Parkinson-Syndrom geht mit Bewegungsstörungen einher, die im Laufe der Zeit zunehmen.

Motorische Störungen

Es zeichnet sich aus durch so genannte extrapyramidal-motorischen Störungen. Die typischsten Symptome sind:

- ▷ Akinese, eine Verlangsamung der automatisierten Bewegungsabläufe
- ▷ Rigor, die Muskelsteifigkeit
- ▷ Tremor, das Zittern in Ruhe.

Oft werden die vegetativen, psychischen und psycho-organischen Veränderungen [15] als viertes Hauptsymptom dazugezählt [16]. Sie hinterlassen den Eindruck von depressiven Verstimmungen, Antriebsarmut und Verlangsamung der Denkvorgänge (Bradyphrenie).

---

[22] lakunär = kleinste Hirnsubstanzdefekte

1.5 Folgen und Rehabilitation

1.5.1 Folgen

Nicht nur bei älteren, auch bei jüngeren Menschen beiderlei Geschlechts treten immer häufiger neurologische Erkrankungen auf. Bei der gleichzeitig immer höher werdenden Lebenserwartung gilt es, den Zustand der einzelnen Betroffenen zu optimieren. Junge Menschen sollen die Chance bekommen, erwerbstätig zu bleiben. Ältere sollen möglichst lange ihre Selbstständigkeit erhalten. Sowohl für den Betroffenen selbst, für sein soziales Umfeld als auch für die gesamte Volkswirtschaft besteht bei mangelnder Rehabilitation das Risiko einer Dauerbelastung durch vorzeitige und lang andauernde Pflegebedürftigkeit.

1.5.2 Rehabilitationsziele

Es fällt auf, dass die Akutversorgung sehr gut funktioniert. Viele Patienten sind jedoch nach der Krankenhausentlassung ihrem Schicksal überlassen. Was mancherorts fehlt, sind Informationen und entsprechende Auffangnetze. Zielsetzung aller entsprechenden Einrichtungen ist es, den Patienten möglichst nah an die Selbstständigkeit zu bringen. Die Möglichkeit zur befriedigenden, d.h. zur aktiven und selbstbestimmten Lebensführung, die Unterstützung pflegender Angehöriger, die Verringerung der Risikofaktoren und die Prävention einer Verschlechterung gehören mit dazu.

1.5.3 Auffangnetz

Sportgruppen fördern Kontakte

Mittlerweile gibt es für etliche Erkrankungen Bewegungsangebote. So bestehen Sportgruppen für Osteoporose, Herzinfarkt, Krebs, TEP-Patienten. Diese Sportgruppen entwickeln meist so viel Eigendynamik, dass sich die Teilnehmer darin geborgen fühlen. Sie finden Freunde und Gleichgesinnte, mit denen sie sich auch außerhalb des Sports treffen.

Anbieter müssen in Kontakt sein

Geschulte Übungsleiter

Sportgruppen für neurologisch erkrankte Menschen gibt es noch nicht in ausreichendem Maß. Es wäre denkbar, dass Volkshochschulen, die seit Jahren flächendeckend arbeiten, spezielle Kurse anbieten, genauso andere Bildungsinstitutionen, Sportvereine und Krankenkassen. Überlegenswert ist auch, ob sich Arzt- und Physiotherapiepraxen zusammentun könnten, um Gruppentherapie und weiterführende Sportgruppen zu organisieren und durchzuführen. Die jeweiligen Anbieter sollten in ständigem Kontakt mit/zu neurologischen Rehabilitationskliniken stehen, um voneinander zu lernen und Erfahrungen auszutauschen.

Der Patient braucht auf seinem Therapieweg durchgängig vertraute Elemente, um die bereits vorhandenen Therapieerfolge zu sichern. Die ambulante Sportgruppe sollte Übungen aus der klinischen Bewegungstherapie übernehmen. Die Kliniken stimmen ihr Angebot entsprechend ab. Das kann nur durch einen ständigen Austausch gelingen. Als Übungsleiter sind dementsprechend geschulte *Physiotherapeuten und Sportlehrer* geeignet.

1.5.4 Mensch braucht Mensch

Beim Patienten verursachen die plötzliche neue Lebenssituation, die damit verbundene Hilflosigkeit, Abhängigkeit, Isolation und die Veränderungen im Gehirn eine zusätzlich erschwerende und therapiebeeinträchtigende depressive Stimmungslage.

Der Mensch lernt vom Menschen

Erwiesenermaßen lernt der Mensch am besten vom Menschen. Er braucht Vorbilder zur Orientierung und Gesprächspartner zwecks Erfahrungsaustausch über die Therapiemaßnahmen. Er braucht Verständnis und emotionalen Zuspruch. Sehr viel davon können ebenfalls Betroffene aufbringen. Jeder muss *Dampf ablassen* und sich den Kummer von der Seele reden können, um Leichtigkeit und Freude zu erleben. Dies gelingt gut in einer vertrauten Gruppe.

Anregungen, Reize, Resonanz, geduldige Zuhörer und Mitmenschen produzieren die Erregungen, die das Leben ausmachen. Jede Therapie muss deshalb auf verbale und non-verbale Kommunikationsförderung ausgerichtet sein (Übungsbeispiele: *Datensammlung*, 7.1, *Navigator*, 6.6, *Liste machen*, 5.10, *Liegestuhl*, 5.9, *Klamottenstaffel*, 7.9, *Dreierball*, 6.4, *Kreislauftraining*, 7.8, *Nummerngehen*, 6.7).

1.5.5 Patient braucht Bewegung

Trotz der verbesserten Akutbehandlung bei Hirnläsionen und der darauf folgenden Rehabilitation gibt es für den Patienten viele Behinderungen durch Ausfälle, die sich oft erst im gewohnten Alltag bemerkbar machen.

Gleichgewichtsstörungen verstärken sich bei innerer Unsicherheit während ganz normaler Alltagshandlungen wie z.B. Ankleiden, Körperpflege, Einkaufen. Sie

Bewegungsschulung

hemmen den Bewegungsfluss, verringern das Bewegungsausmaß und beeinträchtigen die Mobilität. Darüber hinaus bergen sie ein hohes Sturzrisiko. Bei regelmäßigem Sport (mindestens zweimal pro Woche) als Bewegungstherapie in der Gruppe kann die Bewegungssicherheit wiedergewonnen werden. Das so genannte innere Gleichgewicht nimmt zu.

Mehr Bewegung intensiviert die Atmung. Die Sauerstoffversorgung des Gehirns, die Funktionalität des Nervensystems, des Organsystems und selbst Körperhaltung und Stimmung profitieren von einer gleichmäßigen Atmung. Ein leistungsfähigeres Kardiopulmonalsystem dient auch als Puffer in Stress-Situationen.

1.5.6 Wohlgefühl als Grundlage

Bewegung verbessert die Stimmung und steigert das Wohlgefühl. Geistige Arbeit, wie sie Patienten mit Hirnläsionen leisten müssen, gelingt nur bei körperlichem Wohlgefühl (Gadamer 2000).

Vorübergehende, lang anhaltende oder auch irreversible Verluste zeichnen den neurologischen Patienten aus. Bestimmte Körperteile, Sinne, Bewegungen und Funktionen sind nicht mehr einsetzbar. Diese Verluste verursachen verständlicherweise reaktive Depressionen. Durch Ausprobieren, Üben und Anwenden neuer Bewegungsmöglichkeiten können Verluste kompensiert werden. Bewegung hält das Gefäßsystem in Schwung, intensiviert die Regenerationsphase und setzt Energien frei, was zuverlässig das Wohlbefinden stärkt.

Stärkung der Motivation durch Lebenswillen

Bei erfolglosen Bemühungen droht nicht selten ein physischer und psychischer Rückfall, der nur mithilfe der Motivation wieder einzuholen ist. Hier stellt sich bei den Patienten oft die Frage: „Wozu eigentlich?" Der Lebenswille, ein mehr oder weniger latenter Motivationsfaktor, muss sehr sensibel angesprochen werden. Oft helfen unbewusste oder offen angesprochene Erinnerung an individuelle Ziele des Betroffenen:

- unbewusst durch Koppelung an spezifische Tätigkeiten oder Sinneserfahrungen, die Lebensziel und Motivation wieder wachrufen
- offen durch direkte Ansprache (aber auch mit dem Risiko, dass sich der Patient total verschließt, statt sich zu öffnen).

Es sind nicht immer die „Riesenwünsche", die motivierend wirken. Hilfreich sind kleine Teilschritte, wie *100 Meter weiter gehen zu können* oder die *Schnürsenkel wieder selbst binden* oder eine *Melodie auf dem Klavier spielen* zu können.

Bewegung spricht die Sensorik an. Vertraute Bewegungsformen können als Schlüssel zum Inneren dienen. Die Aufgeschlossenheit löst, entspannt und stärkt das Wohlbefinden.

1.5.7 Anpassen = Lernen

Lernen als Lebensstrategie

Jeder Mensch lernt, um zu überleben, wobei er sich automatisch oder bewusst anpasst (Adaption). Ziel ist die Eu-Adaptation, die zunächst mehr Widerstand bietet als die bequemere, aber folgenschwere Mal-Adaptation (z.B. abhängig werden von Medikamenten). Der kurzfristige Vorteil verschlechtert langfristig jeden Zustand.

Ein neurologischer Patient **muss** sehr viel lernen, um zu überleben. Hat sein Gedächtnis Schaden gelitten, muss er das Lernen selbst oft neu erlernen und dabei von vorne anfangen.

Die veränderte Lebenssituation verlangt Umorientierung und Anpassung. Manch einer muss lernen wieder zu sprechen, ein anderer mit dem Verlust einer ausreichenden Sehfähigkeit zurechtzukommen und/oder mit der Unbeweglichkeit einer Körperseite und/oder mit der Orientierungslosigkeit.

Lernen mit Sinn und allen Sinnen

Lernen gelingt nur, wenn es mit Motivation, Neugierde, Eigeninitiative und Freude verbunden ist, sowie sach- und fachgerecht angeleitet wird. Der Patient fühlt sich lernfähig und kompetent. Kompetenzgefühle, auch wenn es nur subjektiv ist – das gilt für Therapeut und Patient gleichermaßen –, hat ein weiteres Handlungsfeld durch höhere Kreativität.

Die gestörte Aufmerksamkeit braucht zudem Nahrung in Form von Reizen für die Sinne und deren Rückmeldungen. Lernen findet in erster Linie über die Sinne statt. Je mehr sie angesprochen werden, desto eher wird das Gehirn gefördert.

2 Bewegungs- und Sporttherapie

In der Rehabilitation von Patienten mit Hirnläsionen finden bisher Physiotherapie, Ergotherapie und die medikamentöse Behandlung Anwendung. Noch wenig verbreitet sind Bewegungs- und Sporttherapie. Die zahlen- und altersmäßige Zunahme bei den Patienten erfordert aber weiterführende, wenn nicht lebenslange Maßnahmen nach der Klinikentlassung. Hier findet die Bewegungs- und Sporttherapie ihren Eingang.

Bereits während des Klinikaufenthaltes beginnen

Um den Übergang für Patienten fließend zu gestalten, sollte sie bereits während des Klinikaufenthaltes und während der Rehabilitation angewandt werden.

Die Sporttherapie hat sich aus einem Bedürfnis nach Bewegung entwickelt. Die menschliche Lebensweise wird zusehends bewegungsärmer. Der Zivilisation und vielen technischen Errungenschaften verdanken die Menschen ein bequemes Leben. Arbeit, Mobilität, Kommunikation und Unterhaltung erfordern heutzutage sehr oft nur noch geringen körperlichen Einsatz. Körperliche Aktivität bleibt dennoch zur Lebenserhaltung unerlässlich.

Sport- und Bewegungstherapie bieten geeignete bewegungstherapeutische Maßnahmen zur Erhaltung der Gesundheit im Sinne von Bewahren und Erwerben und zum Ausgleich körperlicher, psychischer und sozialer Defizite [17].

2.1 Grundlagen der Sporttherapie

2.1.1 Gesundheitserhaltung durch Forderung

Gesundheit im medizinischen Sinn bedeutet, dass die Abwehrkräfte des Körpers in der Lage sind, die vielfältigen Schädigungsmöglichkeiten, denen der Mensch im Laufe seines Lebens ausgesetzt ist, zu überwinden [18]. Gesundheit aus philosophischer

Sicht (Gadamer [19]) bedeutet, dass sie *trotz aller Verborgenheit in einer Art Wohlgefühl zutage kommt und mehr noch darin, dass wir vor lauter Wohlgefühl unternehmungsfreudig, erkenntnisoffen und selbstvergessen sind und selbst Strapazen und Anstrengungen kaum spüren.*

Gesundheit erhalten, Anpassung fördern

Gesundheit ist für jeden Menschen mit Wohlgefühl verbunden. Wohlgefühl entwickelt sich aus Anstrengung, die nicht als Last empfunden wird.

Im Gegensatz zu einer Maschine bestehen im biologischen Bereich eigene Reparationsmechanismen, die *nur durch angemessene Forderungen gefördert* werden. Wenn die entsprechenden Reize fehlen, versagen sie ihre Dienste.

Abbau minimieren durch zielgerichtete körperliche Aktivität

Kranke Menschen neigen verständlicherweise zur Schonung. Was in der Akutphase kurzfristig oft angebracht ist, weil aufbauend, führt aber in chronischen Fällen zum Abbau. Mangelnde Forderung vernachlässigt die Förderung der Anpassungsfähigkeiten (Adaptation). Je länger ein Krankheitsverlauf dauert, desto notwendiger ist es, zielgerichtet den physischen und psychischen Abbau durch körperliche Aktivität aufzuhalten.

Dazu dienen Physio-, Bewegungs- und Sporttherapie.

Die *Physiotherapie* ist in der Akutphase angezeigt und wird in der Regel begleitend weitergeführt.

Die *Bewegungstherapie* (ein Therapeut, zwei bis fünf Patienten) ist noch schonend, aber dennoch mit sportlichem Charakter. Sie sollte einen fließenden Übergang zwischen physiotherapeutischer Einzelbehandlung und sporttherapeutischer Gruppenarbeit darstellen. Die Gruppen sollten klein sein (zwei bis sechs Personen).

In der *Sporttherapie* (ein Sportlehrer und zwei bis 20 Personen) geht es anspruchsvoller zu, was Bewegungsabläufe, Spielregeln, Rücksichtnahme auf andere und Herzkreislaufbelastung anbelangt. Es darf/muss auch Schweiß fließen. Es wird herumgetobt und nach Luft geschnappt, weil man außer Atem kommt. Die Bewegungen sind variantenreich, werden schneller ausgeführt. Die Grobmotorik ist angesprochen. Arme, Beine und Rumpf sind in Bewegung.

Wechsel zwischen Anspannung und Entspannung

Ein vernünftiges Verhältnis zwischen Spannung und Entspannung bzw. Anstrengung und Kraftschöpfen ist bei beiden Therapieformen wichtig.

Ziele sind:

- die Motorik durch Reize und die Anpassungsfähigkeit durch Forderung in Schwung zu halten und zu verbessern
- Bewegung so anzubieten, dass sie gut tut.

2.1.2 Ziele der Sporttherapie[23]

Sport und Bewegung im Therapiebereich orientieren sich an den Inhalten der Rehabilitation:
- ▷ Wiederherstellung und Erhaltung der Gesundheit
- ▷ Wiedereingliederung in Gesellschaft und Beruf
- ▷ Unterstützung der Selbstständigkeit
- ▷ Vermeidung einer Verschlechterung
- ▷ Vorbereitung auf traditionelle Sportarten (für den, der will), trotz Behinderung und Handicap.

2.1.3 Angemessenheit der Sporttherapie

Individuelle Beanspruchungsdosierung

Angemessen heißt bekömmlich. Der Sporttreibende soll sich kurz- und langfristig wohl fühlen, gemäß seinen individuellen Fähigkeiten belastet und weder über- noch unterfordert werden.
Die Grundlagen angemessener Durchführung der Bewegungs- und Sporttherapie liegen
- ▷ in der individuellen Dosierbarkeit der Bewegungsaufgaben, wie sie im Praxisteil beschrieben werden
- ▷ in dem Körperbewusstsein, das der Betreffende entwickelt
- ▷ in den Kontrollmöglichkeiten des Therapeuten.

Nachhaltige Therapieeffekte werden eher garantiert, wenn das Wissen und die Bewegungsaufgaben Alltagsbezug haben. Die Bereitschaft zur langfristigen Integration besteht am ehesten, wenn die Bewegung Freude macht (auch kurzfristig), sie trotz Anstrengung und Handicaps gut tut, kurzum wohltuend ist. Das beinhaltet, dass die auszuführenden Bewegungsabläufe den Krankheitsverlauf positiv beeinflussen und dem Patienten nicht schaden. Dazu muss Körperbewusstsein gelernt und geübt werden. Es erfordert von dem Einzelnen *Wissen, Sinnzuschreibung und Wahrnehmungsschulung* [20]. Dieses durch methodische und didaktische Elemente zu vermitteln, ist Aufgabe der Therapeuten und Sportlehrer. Körperbewusstsein lässt sich üben durch modifizierte Yogaübungen, Atemschulung, Entspannungsübungen, wie Körperreise und taktile Elemente (body touch).

Therapeut entlässt Patient in die Eigenverantwortung

An der Sporttherapie nehmen immer mehrere Personen teil. Die Bewegungen werden meist schneller ausgeführt. Das erschwert dem Therapeuten die gewohnte Kontrolle über das Handeln und Tun seiner Patienten. Er muss sie schonend und schrittweise in die Eigenverantwortung entlassen. Die Gruppendynamik bewirkt

---
[23] Sporttherapie steht für Bewegungs- und Sporttherapie

außerdem schnelleres Reagieren oder gemeinsames „Austoben". Um Schäden vorzubeugen, muss jeder Teilnehmer lernen, Selbstverantwortung für sich zu übernehmen und Eigeninitiative zu ergreifen, d.h. er sollte sein eigener Lehrer werden.

Unterstützend wirken die Maßnahme eines diagnostisch-therapeutischen Gesprächs mit dem Patienten – um darauf hinzuweisen, worauf er speziell während des Sporttreibens achten sollte – und ein entsprechendes Angebot von Wahrnehmungsübungen (*Durchtasten*, 6.14).

2.1.4 Gesundheitsorientierung

Gesundheitsorientierung bedeutet Stärkung gesundheitlicher Ressourcen und Schutzfaktoren. Dazu zählen die allgemeine Fitness, der psychosoziale Bereich und Aufklärung über gesundheitsfördernde Maßnahmen. Auch das Wechselspiel zwischen An- und Entspannung gehört dazu. Körperliche Aktivität intensiviert die Erholung. Danach fühlt sich der Betroffene gelöster, ausgeglichener und energievoller. Dieses Gefühl, ein Motivationsfaktor, ist für das Dabeibleiben entscheidend.

Aktuell: Entspannung

Langfristig: Mut und Vitalität

Nur langfristig bringt regelmäßiges körperliches Training (2- bis 3-mal pro Woche) Spannkraft, Energie, Vitalität [21], mehr Mut und gleichzeitigen Abbau der Ängstlichkeit.

Spezifische, auf das Krankheitsbild und den jeweiligen Patienten abgestimmte und vielseitige Bewegungen ebnen den Weg zu gesteigerter Lebensqualität und zur nachhaltigen Effektsicherung vorausgegangener Therapien (Physio- und Bewegungstherapie, Logopädie, Psycho- und Musiktherapie, Ergotherapie). Sie verbessern das Wohlbefinden bzw. das entscheidende subjektive Gesundheitsempfinden.

2.2 Inhalte der Sport- und Bewegungstherapie

Zu den Inhalten der allgemeinen Sporttherapie gehören:

- ▷ Ausdauer (Kondition)
- ▷ Funktionsgymnastik (Kraft und Beweglichkeit)
- ▷ Koordination
- ▷ Spiele (Kommunikation und Kognition)
- ▷ gesundheitsfördernde Verhaltensschulung (Senkung der Risikofaktoren) [22] und
- ▷ Steigerung des Wohlbefindens (Beschwerdenminderung, Entspannung, individuelle Dosierung).

2.2.1 Ausdauer

Ausdauertraining hilft dabei, Belastungen über einen längeren Zeitraum immer leichter durchzuhalten. Physiologisch handelt es sich um die Ökonomisierung der Herz-Kreislauf-Funktionen. Sie bewirkt eine Intensivierung der lebenswichtigen Sauerstoffaufnahme, stabilisiert Gesundheit und Nervensystem und trägt dadurch zur Erhöhung der Lebensqualität bei.

Die Erschöpfung durch den Alltag verringert sich. Dem Patienten bleiben so genügend Energien für die „schönen Dinge des Lebens". Konditionstraining verursacht eine Vielzahl von gesundheitlich wertvollen Anpassungserscheinungen (Eu-Adaptation [23]) des gesamten Herz-Kreislauf-Systems.

Angemessenes und kontrolliertes[24] Ausdauertraining sorgt durch die

- verbesserte Versorgung von Herz und Hirn mit Sauerstoff und Nährstoffen
- Reduzierung der Herzschlagfrequenz in Ruhe und bei Belastung
- Vergrößerung des Herzschlag-Volumens

für eine generelle Verbesserung der Herz-Kreislauf-Funktion und der Minderung des Herzinfarktrisikos.

Pulsberechnung

Bewährt hat sich das Pulsmessen nach folgender Formel:
220 minus Lebensalter = 100% = Maximalpuls (max)
ca. 70–80% max = Belastungspuls
ca. 60–65% max = Trainingspuls

Berechnungsformel: 220 minus Lebensalter

Beispiel eines 60-jährigen Sportlers:
220 minus 60 = 160 Pulsschläge/Minute = Maximalpuls, der nie erreicht werden sollte
75% von 160 = 120 Pulsschläge/Minute = Belastungspuls
60% von 160 = 96 Pulsschläge/Minute = Trainingspuls.

Pulsmessen

Es gilt also, vor angekündigten Anstrengungen den Ausgangspuls zu messen am Handgelenk, Hals oder mit Pulsuhr. Während körperlicher Aktivität sollte die Pulsschlagzahl nie höher gehen als 70–75% nach o.g. Formel, besser knapp über oder am Trainingspuls bleiben.

Ziel des Trainings ist, die Beanspruchung über länger werdende Zeiträume so zu dosieren, dass die Trainingspulszahl möglichst lange erhalten bleibt und der Belastungspuls selten tangiert wird. Danach sollte so schnell wie möglich wieder die

---

[24] Kontrolliertes Ausdauertraining = Information über individuelle Maximalbelastung, d.h. regelmäßig Pulsmessen (per Hand oder Pulsmesser) und Atemkontrolle

Ausgangspulszahl erreicht werden. Dazu sind Aufmerksamkeit und Mitarbeit des Patienten erforderlich.
Ausnahmen bilden Herzpatienten. Sie müssen sich immer nach den angegebenen Werten ihres ärztlichen Leistungs-EKGs richten. Dafür hat sich das Tragen eines Pulsmessgerätes bewährt. Es ist empfehlenswert, wenn der Therapeut während pulssteigernder Übungen immer wieder auf dieses Thema eingeht, einerseits zur Motivation des Patienten und andererseits zu seiner eigenen Absicherung.

Puls-Atmungskontrolle

Eine andere Methode ist die Kontrolle über die Atmung. Ist der Patient fähig, während oder unmittelbar nach der *Trainingseinheit* zu reden oder bewusst ruhig und tief zu atmen, dann ist seine Pulszahl noch im adäquaten Bereich. Deshalb sind Bewegungsspiele mit Reden, Singen, Rufen oder Geräuscheproduktion immer sehr geeignet.
Erfahrungsgemäß sind die Patienten an Pulskontrollen sehr interessiert. Sie tragen auch zur Verbesserung des Körperbewusstseins bei.
Mehr Kondition bedeutet eine bessere Durchblutung und unterstützt die

- ▷ Normalisierung des Blutdrucks
- ▷ Senkung der Blutfette
- ▷ Beschleunigung des Abtransports von Schlacken
- ▷ Minderung der Arteriosklerose
- ▷ Regulation des Blutzuckers
- ▷ Durchblutung und Versorgung der Skelettmuskulatur
- ▷ Fließeigenschaft des Blutes und damit Verringerung der Thromboseneigung
- ▷ Atem- und Lungenfunktion.

Der Übungsleiterschein für Koronargruppen ist zu empfehlen.

2.2.2 Funktionsgymnastik

Funktionsgymnastik

Ziel der Funktionsgymnastik ist es, Kraft und Beweglichkeit so zu verbessern, dass die Funktionen des Körpers möglichst störungsfrei ablaufen können. Kraft und Beweglichkeit bewirken höhere Elastizität von Muskeln, Sehnen und Bändern, längeres Aushalten von Muskelarbeit und mehr Halt für das Skelett.
Ein elastisch funktionierender Bewegungsapparat verringert Fehlbelastungen. Die Bewältigung der sich täglich wiederholenden Aufgaben wird dadurch erleichtert.
Muskelkraft ist in jedem Alter trainierbar. Kraft trainieren bedeutet, mit Gewicht leichter und länger umgehen zu können, also auch mit dem Gewicht des eigenen Körpers. Mehr Muskelkraft vermittelt das Gefühl von Leichtigkeit der Körperbewegung und erhöht damit Selbstwertgefühl und Selbstvertrauen.
Um Verletzungen beim Training zu vermeiden, darf die Muskulatur nur nach entsprechendem Aufwärmen gekräftigt werden. Vor jedem Training müssen in

irgendeiner Weise Atmung und Kreislauf durch Bewegung angeregt werden: z.B. Tanzen, rhythmisches Gehen, Laufspiele.

Bei den Kräftigungsübungen werden dynamische und statische unterschieden. Ungeachtet der unterschiedlichen Kräftigungssystematik ist die Art der Atmung von Bedeutung. Grundsätzlich gilt es

- während der Muskelkontraktion auszuatmen und
- während der Muskelentspannung einzuatmen.

Statisches (isometrisches) Üben bedeutet das Halten von Muskelkontraktionen, zum Beispiel Aneinanderdrücken der Handflächen, über einen längeren Zeitraum (3–10 Sek. und länger). Während der Kontraktionsphase langsam und fließend ausatmen. Danach die betroffene Muskulatur lockern. Diese Zeit für eventuell notwendige Korrekturen nutzen. Für weniger bewegungsbegabte oder -geschulte Personen sind statische Kräftigungsübungen oft ein geeigneterer Einstieg als dynamische.

Um die Muskulatur rundum einsatzfähig zu erhalten, sollten möglichst viele Arbeitsweisen angesprochen werden. Besonders schwache Muskeln brauchen ein gezieltes vorsichtiges Krafttraining.

Beweglichkeit

Beweglich sein heißt, Gelenke und Muskeln in dem ihnen anatomisch vorgegebenen Umfang benutzen zu können. Das setzt die Dehnungsfähigkeit der Muskulatur voraus.

Mehr Beweglichkeit fördert das Lösen von Verspannungen, erzeugt Vertrauen in den eigenen Körper und steigert das allgemeine Wohlbefinden.

Beweglichkeit verbessert die Elastizität der Sehnen, Bänder und Gelenkkapseln. Der Gelenkknorpel wird durch angemessene[25] Belastung besser versorgt, die reibungslose Verbindungsfunktion der Gelenke bleibt erhalten.

Die Muskelkraft sorgt dafür, dass die Gliedmaßen an ihren Verbindungsstellen, den Gelenken, bewegt werden können. Sie kann nur eingesetzt werden, wenn die jeweiligen Gegenspieler (Antagonisten) dehnungsfähig sind. Dehnungsfähigkeit in Kombination mit Kontraktionsfähigkeit macht einen Muskel elastisch, weniger verletzungsanfällig und schneller regenerierbar. Elastische Muskulatur kann besser entspannen.

Dehnen und Atmen

Dehnung (auch Stretching genannt) kann, wie die Kräftigung, statisch oder dynamisch geübt werden. Wie bei der Kräftigung ist auch bei der Dehnung bewusstes Atmen erforderlich. Es ist notwendig, Stretching bewusst und kontrolliert auszuführen. Man geht immer langsam in eine Dehnposition und hält diese so lange,

[25] Die Belastung auf die Gelenke sollte rhythmisch und leicht sein (z.B. schnelle, kleine, leichte, gleichmäßige Schritte statt großer, weiter und schwerer), dennoch ausdauernd und immer wieder mit Entlastungspausen.

wie es erträglich ist (ca. 30 Sek.). Dabei langsam, bewusst und fließend ausatmen und dann mit dem Einatmen in die Ausgangsposition zurückgehen. Statisches und dynamisches Dehnen unterscheiden sich durch Wiederholung und Intervalle. Dynamisches Dehnen eignet sich zum Aufwärmen und statisches Dehnen zur Beruhigung.
Obwohl dynamisches Dehnen eine Zeit lang mit erhöhtem Verletzungsrisiko in Zusammenhang gebracht wurde, ist man heute der Ansicht, dass es die optimale Trainingsvorbereitung darstellt, da die Dehnungsreize in ihrer Art den nachfolgenden körperlichen Belastungen ähneln. Es fördert durch den ständigen Wechsel zwischen An- und Entspannung die Blutzirkulation.

Funktionsgymnastik ist Pflicht auch zu Hause

Die im später folgenden Praxisteil angebotenen Bewegungsspiele beinhalten Elemente der vorangegangenen Physiotherapie und erfüllen die Aufgaben der Funktionsgymnastik.
Die Gruppenarbeit sollte den Einzelnen zum regelmäßigen Durchführen seiner Hausaufgaben motivieren.

2.2.3 Koordination

Koordinationsfähigkeiten

Mehrfachhandlungen (z.B. gehen und gleichzeitig Bälle werfen und fangen) oder komplexe Bewegungsabläufe zeitlich, räumlich und kraftmäßig ausführen zu können, nennt man Koordinationsfähigkeit (vgl. Kap. 2.3.5). Koordination unterstützt den Aufbau motorischer Programme und harmonisiert die Bewegungsabläufe. Leichtere Bewältigung des Alltags und mehr Selbstständigkeit resultieren daraus.
Zu den Elementen der Koordinationsfähigkeit gehören Gleichgewicht, Gewandtheit, Geschicklichkeit, Zielgenauigkeit, Timing, Rhythmusfähigkeit, Orientierungsfähigkeit und Wahrnehmung.
Dem Thema Gleichgewicht bzw. Sturzprophylaxe [24] wird im Praxisteil ein eigenes Kapitel gewidmet, da es eine Grundvoraussetzung für die Mobilität darstellt.
Geübt wird Koordination durch die Verfeinerung in der Erfassung und Verarbeitung von Reizen.

Die Methode zur Verbesserung der Koordination ist das *Üben von komplexen Bewegungsabläufen.* Die eingesetzten Mittel müssen dabei primär auf die zu schulende Fähigkeit gerichtet sein. Das Prinzip der Variation bedeutet, dass es bei der Schulung der koordinativen Fähigkeiten nicht um das Einschleifen fester Bewegungsprogramme geht, sondern darum, dass möglichst viele Programme und Parameter möglichst schnell verfügbar sind [25], was bei Hemiplegie- und Parkinson-Patienten äußerst problematisch ist.

Aufgrund der großen Bedeutung der Koordination für Patienten mit neurologischen Erkrankungen besitzen die koordinationsorientierten Sportprogramme einen zentralen Stellenwert in sportbezogenen Gesundheitskonzepten.

Bewegungssicherheit führt zu Selbstsicherheit

Koordinationsübungen schulen nicht zuletzt die Konzentration [27]. Sie fördern die Bewegungssicherheit und damit auch die Selbstsicherheit der Patienten.
Das Training koordinativer Fähigkeiten sollte sowohl in den Basisprogrammen als auch in den speziellen Sportprogrammen durchgeführt werden [26].
Dazu eignen sich Spielformen, wie sie im Praxisteil (*Dreierball*, 6.4, *Ballgirlande* 5.5) angeboten werden.

2.2.4 Spielen

Der Mensch ist *nur da ganz Mensch, wo er spielt* (Schiller). *Spielen stellt eine Grunddisposition des Menschen dar.*
Spielen wird beim Sport sehr oft mit Vergleichs- oder Wettkampf verbunden, bei dem es um Siegen und Verlieren geht. Spielen bedeutet aber wesentlich mehr.
Man kann **mit** etwas, **um** etwas oder **als** etwas spielen. Dazu zählen das Kinderspiel, Gesellschaftsspiele, Sportspiele und darstellende Spiele. Spielen heißt vorübergehend in eine andere Rolle schlüpfen, eine andere Aufgabe erfüllen und sich sehr intensiv mit Freuden und höchster Konzentration einer Tätigkeit widmen.
Die Konzentration richtet sich auf das vorübergehende Einhalten von Regeln und Erledigen von Aufgaben. Das Einhalten von bestimmten Regeln, wie es bei Bewegungsspielen der Fall ist, verbessert die Wahrnehmungsfähigkeit, erhöht Kooperation und Koordination und steigert die Kognition sowie die Kondition.
Spielen ist ein (ganzheitliches) didaktisches Mittel zur Förderung von Lernvorgängen [28].
Im Spiel kann Neues entdeckt und Erlerntes erfolgreich angewandt werden.
In diesem Buch werden Bewegungsspiele angeboten, die diese Kriterien erfüllen.

Spielen bedeutet, sich mit Freuden und Konzentration einer Tätigkeit zu widmen

Spielen entwickelt Gefühle, die man nachhaltig in den Alltag mitnehmen kann. Spielerisch (ernsthaft, freudig konzentriert und positiv motiviert) tätig zu sein, beschreibt den Zustand des Flow. Flow erleben wir, wenn wir uns selbstvergessen ganz einer Tätigkeit, einem Augenblick widmen. Dabei spielt es keine Rolle, durch welche Tätigkeit diese Erfahrung erreicht wird. Dem entspringt die intrinsische Motivation, ein Bestreben, dieses Gefühl immer wieder erleben zu wollen [29].
Spielerische Elemente verleihen sportlichen Aktivitäten zusätzliche Reize.
Die hier beschriebenen Bewegungsspiele sind im Sinne der *New Games* gehalten, ohne das gewohnte System von Gewinner und Verlierer am Ende. Sie lösen sich meistens in einem erfrischenden Chaos auf. Dadurch erhöht sich ihr Reiz. Da sie

in der Beanspruchung individuell dosierbar sind, kommt der ungeübtere Teilnehmer genauso auf seine Kosten wie der trainierte.

2.2.5 Gesundheitsförderndes Verhalten

Auch gezielte Gesundheitsförderung gehört zur Sporttherapie, z.B. die Notwendigkeit von Bewegung an frischer Luft, regelmäßige vitamin-, mineralstoff- und ballaststoffreiche Ernährung und Aufklärung über diesbezügliche Verhaltensweisen.
Der Alltag bedeutet heutzutage eher eine Unterforderung körperlichen Einsatzes und eine Überforderung des Verdauungsapparates, der man durch Bewegungstherapie gezielt entgegenwirken sollte, z.B. gemeinsam wandern statt Kaffeeklatsch, Auto stehen lassen, Rad fahren, Treppen steigen statt Lift benutzen, Schwimmen, Tanzen. Das Strukturieren des Tagesablaufs ist eine große Hilfe.

2.2.6 Wohlbefinden

Individuelle Leistung gelingt nur durch angemessene Forderung, also weder durch Unter- noch durch Überforderung, eine entsprechende Anstrengung soll so dosiert sein, dass sie dem individuellen Leistungsniveau entspricht (vgl. Kap. 2.2.1). Die Wahrnehmungs- und Beurteilungsfähigkeit für eigene körperliche Vorgänge kann die Dosierung steuern. Das hört sich einfach an, ist aber ein sehr problematischer Teil der Sporttherapie. Hochmotivierte neigen oft zur schädigenden Überforderung, Unmotivierte zur ebenfalls schädlichen Unterforderung. Überforderung unterstützt die Tonussteigerung, erhöht die Verletzungsgefahr und führt zu Kreislaufproblemen. Unterforderung macht inaktiv, träge, mutlos und abhängig.

Über- und Unterforderung vermeiden

Das Erzeugen von körperlichem Wohlbefinden ist ein günstiger Einstieg zur Schulung der Wahrnehmung:

- Konzentration auf das angenehme Gefühl wohliger Wärme durch die angeregte Durchblutung nach Bewegung
- sich genüsslich recken und strecken
- herzhaftes, lautes Gähnen
- bewusstes Atmen, Singen und Geräusche produzieren
- tiefes und genussvolles Entspannen in gelöster Position (Kutschersitz, Rückenlage, Seitenlage, angelehnt an Gegenstände oder in Kontakt zu anderen Menschen, schwebend in warmem Wasser u.Ä.)
- sich so vielseitig wie möglich bewegen.

Die Steigerung des aktuellen Wohlbefindens bewirkt deutlich mehr Aktivität und gleichzeitig eine größere Gelassenheit, bessere Stimmungslage und Motivation,

Abnahme von Müdigkeit, Deprimiertheit und Benommenheit. Das Vertrauen auf die selbstständige Wiedererlangung des Wohlbefindens erleichtert es, die eigenen Leistungsgrenzen zu erfahren und zu akzeptieren. Langfristig erhält sich Wohlgefühl durch den Wechsel von Beanspruchung und Regeneration.

2.3 Sporttherapie für neurologische Patienten

Kompensation und/oder Wiedererlangung verloren gegangener Bewegungsmuster

Bei neurologischen Patienten konzentriert sich die Sporttherapie auf die

- Verbesserung kognitiver und kommunikativer Fähigkeiten
- Erhaltung der Fortbewegung
- Steuerung von Muskelkraft
- Verbesserung der Kondition
- Schulung des Gleichgewichts
- Schulung der Koordination
- Verringerung der Risikofaktoren
- und auf das Fernziel einer möglichst kompetenten Lebensführung[26].

Spezifische Effekte

Zusätzlicher Nutzen der Sport- und Bewegungstherapie ist, dass

- Bewegung die benachbarten Regionen verletzter Hirnareale stimuliert
- die durch Hirnläsionen gestörten Körperfunktionen mittels körperlicher Übungen wieder erlernt oder verbessert werden können
- Bewegung Ängste abbaut bzw. Mut macht (vgl. Kap. 3.1).

2.3.1 Kommunikation und Kognition in der Sporttherapie

Die Förderung kommunikativer und kognitiver Fähigkeiten/Kompetenz steht mit im Vordergrund, um den Patienten die lebensnotwendige soziale Reintegration zu erleichtern.

Sporttherapie findet in der Gruppe statt. Dabei bieten sich viele Chancen, in unkomplizierter Art und Weise Kontakte zu anderen Menschen herzustellen. Kommunikation – ein Gespräch führen, reden, diskutieren, Erfahrungsaustausch – regt immer auch kognitive Fähigkeiten an. Man erinnert sich an Namen, Begebenheiten und Fakten, man erfährt etwas, schildert Ereignisse, formuliert, sucht und findet Worte, tauscht sich aus und konzentriert sich.

---

[26] Kompetente Lebensführung umfasst Fähigkeiten und Fertigkeiten, die situationsbedingt zur Aufrechterhaltung eines selbstständigen, aufgabenbezogenen und sinnerfüllten Lebens notwendig sind (Dr. A. Kruse 1989, Heidelberg).

Als Übungsbeispiele gibt es im Praxisteil die *Datensammlung* (7.1), *Platz machen* (6.12), *Ballgirlande* (5.5), *Es geht rund/Fledermaus-Quadrille* (7.7), *Bewegungslotto* (5.6), *Liste machen* (5.10).

Manchmal ist es sinnvoll, Angehörige einzubeziehen. Die Anregungen der Sporttherapie können das notwendige häusliche Üben erleichtern.

Pflegende Angehörige miteinbeziehen

Zum Beispiel lernen Patient und Angehörige/r gemeinsam, wie man durch Eigen- oder Fremdkommandos (lautes Zählen oder „und hepp!“) akinetische Momente besser überwinden kann.

Pflegeaufwand absorbiert sehr viele Energien. Pflegende Angehörige, oft innerlich erschöpft, neigen u.U. zum Rückzug, was ihre Situation zusätzlich erschwert. Das bisherige soziale Netz wird oft durch die belastenden Auswirkungen neurologischer Erkrankungen zu weitmaschig. Die Verbindungen zu anderen Menschen werden dünner und brechen bald ganz ab. Patient und Angehörige können leicht in die Isolation rutschen.

Nach und zwischen den Sportstunden werden Beziehungen oft weiter gepflegt. Aus Telefonanrufen, gemeinsamen Ausflügen und anderen Unternehmungen baut sich früher oder später ein neues Netzwerk bis hin zu Freundschaften auf.

Konzentration ist die Fähigkeit, die Aufmerksamkeit in bewusster Weise über einen längeren Zeitraum, evtl. unter erhöhter Anstrengung, gezielt ausrichten zu können [30]. Sie ist bei neurologisch Erkrankten oft beeinträchtigt (vgl. Kap. 1.3.4).

Zum Üben der Konzentrationsfähigkeit ist neben Interesse und Motivation (z.B. durch Interesse an Mitmenschen, s.o.) eine Verknüpfung von motorisch-praktischen und geistigen Abläufen notwendig. Die meisten Bewegungsspiele sind so konzipiert, dass die Teilnehmer bei der Sache sein müssen. Konzentrationsmangel hängt auch mit Überforderungen des zentralen Nervensystems zusammen. Neurologische Patienten haben diese Schwelle meist sehr bald erreicht. Ein Tipp: Vor und nach jeder Konzentrationsaufgabe sollten deshalb ausgleichende Übungen zur Entspannung und Regeneration stattfinden.

Dazu eignen sich immer Abfolgen von ruhigeren und lebhafteren Bewegungsspielen, also im Sitzen/am Platz und in Fortbewegung. Beispiele sind:

Wechsel zwischen Konzentration und Entspannung

- ▷ erst *Schlangenmassage* zur Entspannung, sitzend oder stehend (6.9), dann *Dreierball* zur Konzentrations- und Koordinationsschulung in der Fortbewegung (6.4), danach *Liegestuhl* zur Regeneration, sitzend (5.9)
- ▷ anfangs Einzelgymnastik im Sitzen/im Stand zum Aufwärmen, dann *Kreislauftraining* für Konzentration, Kreislaufanregung, Orientierung und Kommunikation mit schnellem rhythmischen Laufen (7.8), danach *Durchtasten* zur Beruhigung im langsamen ruhigen Gehen (6.14).

2.3.2 Erhaltung der Fortbewegung

Wieder gehen können und mobil zu sein, ist zunächst der sehnlichste Wunsch eines jeden betroffenen Patienten. Um die Effizienz des Gehens bzw. der Fortbewegung zu verbessern, werden folgende Komponenten bei den Bewegungsspielen berücksichtigt:

- Erzeugen kontinuierlicher Bewegung (*Kreislauftraining*, 7.8)
- Aufrechterhalten des Gleichgewichts während der Bewegung (*Navigator*, 6.6, *Rempeln*, 6.8)
- Fähigkeit, sich an die Umwelt anzupassen und gleichzeitig mehrere Aufgaben zu erfüllen (*Dreierball*, 6.4, *Ballchaos*, 7.2, *Klamottenstaffel*, 7.9) [31]
- Starten und Enden einer Gehbewegung (*Nummerngehen*, 6.7, *Museumsnacht*, 6.5, *Datensammlung*, 7.1, *Platzwechsel*, 6.11).

Ziel der Bewegungstherapie ist es, die Entwicklung vom Schrittemachen zum fließenden Gehen zu fördern. Um dies zu erreichen, müssen Reaktionsfähigkeit, Koordination, Kraft und Kondition gleichermaßen geübt werden.

2.3.3 Kraft und Kondition

Muskelaufbautraining ist anstrengend. Es beansprucht das Kardiopulmonalsystem. Da viele Schlaganfallpatienten auch Herzprobleme haben, ist manchmal ein pulsgesteuertes Konditionstraining angebracht, um Schäden vorzubeugen. Die Kondition zu trainieren, bedeutet zudem Stärkung der Willenskraft, welche die Patienten beim Üben und Lernen immer wieder brauchen (vgl. Kap. 2.2.1).

Konditionstraining stärkt die Willenskraft

Konditionstraining unterstützt die Entwicklung aller motorischen Fähigkeiten: Kraft, Ausdauer, Schnelligkeit, Beweglichkeit und Koordination. Ziel ist ein leistungsfähiges Herzkreislaufsystem zur Gewährleistung einer zuverlässigen und gleichmäßigen Blut- bzw. Sauerstoffversorgung bei länger andauernden Anstrengungen. Dazu eignen sich die im Praxisteil beschriebenen Spiele: *Nummerngehen* (6.7), *Kreislauftraining* (7.8), *Dreierball* (6.4).

Um Übertreibungen zu verhindern, sollte jeder seinen Ruhe-, Belastungs- und Maximalpuls kennen. Der Belastungspuls darf nicht überschritten werden.

Atemkontrolle heißt, sich nur so weit belasten, dass man während der Beanspruchung entweder noch reden oder bewusst ruhig atmen kann. Also *laufen ohne zu schnaufen*.

Das Bewegungsspiel *Dreierball* (6.4) eignet sich sehr gut dazu, weil alle immer einen Namen oder „hier" rufen müssen.

Vorteile der Atemkontrolle:

- Training muss nicht abgebrochen werden für die Pulskontrolle
- Körperbewusstsein wird geschult.

Nachteile der Atemkontrolle: Ungenauigkeit.

Das Tragen eines Pulsmessers am Handgelenk hat den Vorteil, dass auch der Therapeut mit einem Blick das Pulsverhalten erkennt. Der Patient kann sich selbst einfacher und öfter kontrollieren. Bei Patienten mit Herzproblemen ist es ratsam, computerkontrollierte und -gesteuerte Pulsuhren zu nutzen. Sie zeichnen die Pulsveränderungen auf und signalisieren dem Patienten, ob er sich unter- oder überfordert hat.

Pulskontrollen beugen der Überbeanspruchung vor

Nachteil: Noch sind diese Pulsmesser sehr kompliziert und teuer.

2.3.4 Gleichgewicht

Das Gleichgewicht ist bei neurologisch Erkrankten häufig gestört. Dadurch sind viele Bewegungen beschwerlicher, unkoordinierter oder auch gar nicht möglich. Viele Bewegungen enthalten Gleichgewichtsleistungen: sitzen, stehen, gehen, laufen oder Treppen steigen. Die gesamte Selbstversorgung ist durch mangelndes Gleichgewicht gefährdet: z.B. aufstehen, anziehen, Körperpflege, Zähne putzen, Toilettengang, einkaufen, Wohnung säubern, Hund ausführen.

Bereitet das Halten des Gleichgewichts Probleme, so erhöht sich das Sturzrisiko; umso mehr, als die Patienten während des Fallens oft nicht in der Lage sind, sich ausreichend abzufangen. Wegen der Folgen eines gefährlichen Sturzes, wie Verletzungen, Operation, Bettlägerigkeit, Inaktivitätsatrophie und Therapierückschlägen muss das Gleichgewicht immer unter dem Aspekt der Sturzprophylaxe geübt werden.

Sturzprophylaxe heißt:

Bewegungssicherheit bedeutet Sturzprophylaxe

- Stürze verhindern durch verbesserte Balancierfähigkeit
- deren Folgen lindern durch einen möglichst guten Trainingszustand.

Ein trainiertes Gleichgewichtsvermögen fördert die allgemeine Bewegungssicherheit. Deren günstige Auswirkung auf die Motorik scheint auch einen positiven Einfluss auf das Selbstbewusstsein des Menschen zu haben.

Üben lässt sich das Gleichgewicht durch wohldosierte Konfrontation mit Störungen: auf einem Bein stehen, Augen schließen, drehen, sich wenden, Hoch- und Tiefbewegungen, angerempelt werden.

Geeignete Übungsbeispiele dazu sind: *Blinder Bildhauer* (6.1), *Bodenkontakte* (6.2), *Rempeln* (6.8), *Durchtasten* oder *Who is who*? (6.14), *Schlenkerpuppe* (7.5), *Wiegemännchen* (7.6) und Sportarten: Ski-Langlauf, Tanzen und alles, was mit Gehen oder Laufen zu tun hat.

Aus dem Gleichgewicht gebracht zu werden, gehört zum Alltag. Je geschulter die Gleichgewichtsfähigkeiten sind, umso glimpflicher verlaufen die Stürze.

Kinder machen spielend Gleichgewichtserfahrungen, die später regelmäßig auf ihre Einsatzfähigkeit überprüft werden müssen, um sie haltbar und abrufbereit zu machen. Je häufiger die Überprüfung stattfindet, umso mehr profitiert das Gleichgewichtsgefühl davon. Problemlos klappt das in Kindheit und Jugend beim fast hemmungslosen Herumtoben und Sporttreiben (Ballspielen, Skaten, Geräteturnen, Skifahren usw.).

Unterstützend wirken die natürliche angstfreie Bewegungslust, die günstigeren Proportionen (tiefer Körperschwerpunkt), viele Bewegungsgelegenheiten und deren gesellschaftliche Akzeptanz, Behändigkeit, gesunde Knochen, gesunde Muskulatur und wenig körperliche Beschwerden.

Gleichgewichtsprobleme und Folgen

Nun haben sich beim Erwachsenen die Proportionen verändert (höherer Körperschwerpunkt, Gewichtszunahme), die Beweglichkeit, Kondition und Kraft werden geringer, meist auch die Bewegungslust. Unangenehme Sturzerfahrungen stimmen ängstlich. Es stören gesellschaftliche Barrieren *(Das tut man nicht! Das gehört sich nicht!)* gegenüber sorgloser *(z.B. tanzen nach Lust und Laune, ohne dabei die Schritte zu zählen),* lockerer oder ungewohnter Bewegungsweise *(z.B. auf allen Vieren krabbeln),* und es gibt weniger Gelegenheiten, unterschiedliche Bewegungsformen auszuprobieren. Hinzu kommen körperliche Beschwerden wie Schwindel, Osteoporose oder neue Hüftgelenke.

Fazit: Das Überprüfen findet immer seltener statt. Fast unmerklich schwinden dabei Bewegungssicherheit und Gleichgewichtsgefühl.

Besonders Personen mit Hirnläsionen fehlen viele Fähigkeiten, eine Störung auszubalancieren oder den Sturz glimpflich aufzufangen. Durch Verletzungen, wie Prellungen, Zerrungen und Brüche (Oberschenkelhals, Arme und Hände), erfahren sie nicht selten schwere Rückschläge in ihrer Therapie. Oft sind Operationen notwendig, verbunden mit langen Krankenhausaufenthalten. Die darauf folgende Bettlägerigkeit unterstützt die Passivität und bringt Konditions- und Kraftabbau, Funktionseinschränkungen, Embolie- und Thrombosegefahr mit sich.

Bis sich der Patient auf der körperlichen Ebene wieder von den Folgen des Sturzes erholt hat, haben ihn auf der seelischen Ebene u.U. Kompetenzverlust, Angst, Unsicherheit, Hemmungen und Depressionen eingeholt.

Gleichgewichtsfähigkeiten

Das Gleichgewicht zu wahren, ist immer eine „ganzheitliche" Leistung. Es genügt nicht, die Stolperfallen zu beseitigen oder überall für Handläufe, Gehhilfen und gute Beleuchtung zu sorgen, also die Umwelt entsprechend zu gestalten. Es ist auch erforderlich, die diversen Gleichgewichtsfähigkeiten zu schulen, damit sich die Betroffenen besser abfangen können.

Zu den Gleichgewichtsfähigkeiten zählen

- die gesamte Bewegungsfähigkeit mit
    - Beweglichkeit

Abb. 2.1 Gleichgewichtsübung: „Einfrieren" als Sturzprophylaxe

- Geschicklichkeit
- Muskelkraft
- Koordination

▷ der Zustand von
- Kondition
- Nervensystem

▷ die Kognition mit
- Konzentration
- Reaktion
- Erinnerung und

▷ emotionale Fähigkeiten wie
- Risikobewusstsein
- Gelöstheit
- Vertrauen
- Anpassungsfähigkeit/Flexibilität.

Gleichgewichtsverluste werden durch äußere und innere Störungen verursacht.

Äußere Störungen können sich durch Sichtbehinderung, Unebenheit, Glätte, Stolperfallen, wackeligen Untergrund, Geschubstwerden usw. ergeben.

Innere Störungen wirken bei neurologischen Patienten oft komplizierend, zum Beispiel Müdigkeit, Schwäche, Schwindelgefühl (evtl. bedingt durch Medikamente, wie blutdrucksenkende Mittel).

Zielgerichtete Sturzprophylaxe heißt:

▷ Schwindel[27] durch sich bewegende Bilder, die sich bei vielen Auf-und-Ab-Bewegungen und bei Drehungen ergeben, aushalten können

▷ Bei Störungen von außen (z.B. geschubst werden) rasch wieder ins Lot kommen können

▷ Aufmerksamkeit üben, um innere Störungen (z.B. Müdigkeit, Depression) zu kompensieren

▷ Beweglich und trainiert sein, um glimpflich zu landen und bald wieder auf den Beinen zu sein

▷ Entspannungsfähigkeit schulen und Vertrauen aufbauen, um angstfreier zu werden.

Gleichgewichtsverluste durch Störungen

Neurologische Patienten müssen u.U. ihre Gleichgewichtsfähigkeiten von Grund auf neu einüben. Ist dies gelungen, so ist die lebenslange Überprüfung mithilfe von Bewegungsaufgaben unabdingbar.

---

[27] Schwindel wird von Betroffenen als häufigste Ursache für Stürze genannt

Die hier beschriebenen Übungen zur Gleichgewichtsschulung sind spielerische Konfrontationen mit nachgestellten täglich vorkommenden Störsituationen.

- Beim *Rempeln* (6.8) wird z.B. eine Straßensituation mit großem Gedränge nachempfunden.
- Beim *Navigator* (6.6) wird eine Sehbehinderung nachgestellt (z.B. durch Stromausfall, Brille verloren u.Ä.).
- Durch *Bodenkontakte* (6.2) und *Stehaufmännchen* (6.3) wird Bodennähe hergestellt, wie sie beim Fallen unfreiwillig stattfindet.
- Beim *Dreierball* (6.4) geht's zu wie auf einem Bahnhof oder Jahrmarkt.
- *Einfrieren/Museumsnacht* (6.5) und *Balancierkreis* (6.10) üben körperlichen Ausgleich und Standfestigkeit, um in Wackelmomenten stehen bleiben zu können.

Bewegungsübungen für ein besseres Gleichgewicht

Balancieren zu können, gibt ein gutes Gefühl. Gleichgewichtsübungen werden gerne ausgeführt. Je mehr die Übungen den Bewegungen im Alltag entsprechen, umso eher werden sie dort angewandt: hinauf- und hinuntergehen, sich bücken, strecken, drehen, wenden, über unterschiedlichen Boden gehen, auf Gegenständen balancieren. Das alles erhöht die Bewegungssicherheit.

Fazit: Einfache, alltagsnahe Bewegungsübungen sind erfolgversprechend für ein besseres Gleichgewicht.

Folgende Störungen erhöhen zusätzlich die Gleichgewichtsprobleme:

Zentrale Sehstörungen [32]

Man versteht darunter Einbußen von Sehleistungen nach Hirnschädigungen. Das sind z.B. Störungen einfacher Sehleistungen wie Sehschärfe, Hell-Dunkel-Adaptation, visuelle Exploration, Gesichtsfeld, und/oder Störungen komplexer Sehleistungen wie Gesichts- und Objekterkennung. Sie können auch durch visuelle Reizerscheinungen und Illusionen bedingt sein.

Konfrontation mit Störungen

Störungen räumlicher Leistungen [33]

In Diagnostik und Therapie wird unterschieden zwischen Störungen der visuellräumlichen Wahrnehmung, visueller Raumoperationen, Wahrnehmung der eigenen Körperlängsachse und konstruktiver Leistungen.

In der Bewegungstherapie sind sie von spezieller Bedeutung, da sie Auswirkungen auf die Bewegungssicherheit und die Selbstständigkeit haben.

Aufmerksamkeitsstörungen [34]

Unterschiedliche Komponenten machen die Aufmerksamkeit, eine der wichtigsten Basisleistungen des Gehirns, aus. Konzentration ist die Vorbedingung für Gedächtnisleistungen.

2.3.5 Schulung der Koordination

Koordination heißt in der Sportmedizin das geordnete Zusammenspiel von Zentralnervensystem und Skelettmuskulatur bei der Ausführung von Bewegungen [35]. Es handelt sich um die Bewegungssteuerung, deren Voraussetzungen perzeptiv-sensorische und motorisch-neurophysiologische Prozesse sind [36]. Sichtbar wird die Koordination durch die Gewandtheit, mit der mindestens zwei Handlungen gleichzeitig oder kurz hintereinander durchgeführt werden (vgl. Kap. 2.2.3).

Gute Koordination erhöht die Bewegungssicherheit

Man kann folgende acht Fähigkeiten unterscheiden, die über die Nervenbahnen gesteuert werden:

- Reaktionsfähigkeit
- Differenzierungsfähigkeit
- Umstellungsfähigkeit
- Geschicklichkeit
- Orientierungsfähigkeit
- Gleichgewichtsfähigkeit
- Koppelungsfähigkeit
- Rhythmisierungsfähigkeit [37].

Eine *gute Koordination entlastet die Organsysteme* [38] und den Bewegungsapparat, harmonisiert die Bewegungen, erhöht die Bewegungssicherheit und macht das Erlernen neuer Fähigkeiten leichter.

Diesbezügliche Übungsbeispiele sind *Ballgirlande* (5.5) und *Dreierball* (6.4) mit gleichzeitigen Mehrfachhandlungen wie Gehen, Werfen, Fangen, Rufen, Orientierung; *Es geht rund* (7.7) mit Rhythmik, Orientierung und Kommunikation, *Bewegungslotto* (5.6) mit raschem Aneinanderfügen von Bewegungsabläufen, *Drückeberger* (5.2) mit Koordination von Atmung und unterschiedlichen Spannungsqualitäten.

2.3.6 Verringerung der Risikofaktoren

Patienten mit Hirnläsionen bringen sehr oft andere Beschwerden mit, die zusätzliche Risikofaktoren bilden (z.B. für weitere Schlaganfälle).

Bewegungsschulung wird effektiv eingesetzt zur Senkung vieler Risikofaktoren, die entstehen bei

- Herz- und Kreislaufproblemen (bei Herzinfarkt, Herzrhythmusstörungen)
- zu wenig Muskelkraft
- Stoffwechselstörungen (z.B. bei Diabetes mellitus, bei erhöhten Blutfettwerten)
- zu hohem Körpergewicht
- Gleichgewichtsstörungen und Gangunsicherheit

- Koordinationsverlusten
- zu geringer Atemkapazität
- Kommunikationsbeeinträchtigungen
- ungenügendem Lang- und Kurzzeitgedächtnis, mangelnder Konzentration
- reduzierter Wahrnehmung.

2.3.7 Kompetente Lebensführung

Kompetenz ist die aktive Auseinandersetzung des Einzelnen mit den Anforderungen seiner Umwelt [38a].

Die Patienten sollen möglichst ihre Selbstständigkeit wiedererlangen. Dazu gehören:

Alltagshandlungen wie

- sich erheben vom Stuhl und wieder hinsetzen (*Platz machen*, 6.12, *Platzwechsel*, 6.11)
- unterschiedliche Körperkontakte herstellen (*Blinder Bildhauer*, 6.1, *Durchtasten*, 6.14, *Drückeberger*, 5.2, *Druckkreis*, 5.3, *Schlangenmassage*, 6.9)
- sich bücken, etwas aufheben (*Bodenkontakte*, 6.2)
- sich anziehen (*Klamottenstaffel*, 7.9).

Merkfähigkeit wie

- einkaufen (*Liste machen*, 5.10)
- den Weg merken (*Navigator*, 6.6, *Nummerngehen*, 6.7).

Soziale Kompetenz wie

- Namen der Mitmenschen merken (*Datensammlung*, 7.1)
- selbstwirksam werden (*Nummerngehen*, 6.7, *Kreislauftraining*, 7.8, *Navigator*, 6.6)
- Augenkontakt aufnehmen (*Dreierkiste*, 5.8).

Selbstständigkeit durch Kompetenz

Sportarten wie

- Ballspiele: Tischtennis, Boccia, Federball (*Dreierball*, 6.4)
- Wandern: alle Bewegungsspiele mit Gehen
- Tanzen: *Spiegelbild* (5.7), *Es geht rund* (7.7).

Allgemeine Mobilität wie

- rechts und links unterscheiden
- zügiges Gehen und Auf- und Absteigen (Bordsteine, Straßenüberquerung etc.)
- Entfernung und Geschwindigkeiten einschätzen.

2.4 Gruppentherapie

Sporttherapie (Bewegungstherapie, Gesundheits- und Rehabilitationssport[28]) bedeutet Gruppenarbeit. Die Gruppendynamik trägt zur Motivation der Teilnehmer, zu zwischenmenschlichen Kontakten und letztendlich zum Heilprozess bei. Kommunikation und die dazugehörigen Fähigkeiten (= soziale Kompetenz) haben die Chance, sich zu entwickeln.

2.4.1 Vorzüge der Gruppentherapie

Unterstützung bei sozialer Reintegration

Die Gruppentherapie bietet ein Übungsfeld der sozialen Kompetenz durch gegenseitigen Austausch auf der

- ▷ kognitiven Ebene: Information, Anregung, Diskussion und Auseinandersetzung (vgl. Kap. 3.6)
- ▷ emotionalen Ebene: Geborgenheit, Versorgung, Vertrauen, Austausch, Unterhaltung und Freude
- ▷ Verhaltensebene: Regulierung des eigenen Verhaltens, Übernahme von Verpflichtungen, Einhalten von Regeln.

Kognitive, emotionale und soziale Aktivitäten wirken nachhaltig als Stimulator für geistige Tätigkeiten. Sie wecken die Neugier und regen die Kreativität an, alles entscheidende Voraussetzungen für das überlebensnotwendige Lernen bei Patienten mit Hirnläsionen. Nur im Zusammensein mit anderen Menschen werden diese Reize geboten.

Gruppenkontakt erhöht die Lernbereitschaft

Der Mensch ist kein Einzelwesen [39], *sondern Teil eines sozialen Gefüges. Jede Störung dieses Gefüges bis hin zur Isolation führt zu schwerwiegenden psychischen und psycho-intellektuellen Beeinträchtigungen.*

Erst das soziale Lernen in der Gemeinschaft führt zu effektiven Ergebnissen. Das Gespräch, der Gruppenkontakt und die Kontinuität des Lern- und Trainingsangebotes haben entscheidende Auswirkung auf den Lernerfolg.

Klinische Erfahrungen [40] zeigen, dass Lernprozesse wie Raucherentwöhnung in der Gruppe effektiver und nachhaltiger aufgenommen werden als im Alleingang zu Hause.

Der schlagartige Verlust bisheriger Fähigkeiten, wie es nach neurologischen Erkrankungen der Fall ist, verursacht schmerzliche Veränderungen. Betroffene stehen vor vielen Anpassungs- und Umorientierungsleistungen, die sich nur durch Lernen bewältigen lassen. Das Lernen (Wissensaufnahme und -anwendung) fällt in der Gruppe leichter. Der Lernstoff wird im Zusammensein mit anderen

---

[28] Es gibt noch keine einheitliche Bezeichnung für diesen Bewegungsbereich.

zwangsläufig und unauffällig wiederholt: durch Zuhören und Zuschauen, Selbstaktiv-werden und Darüber-sprechen.

Wichtige Voraussetzung für soziale Kontakte sind Mobilität, Kommunikationsfähigkeit und Motivation. Dazu sind eine funktionierende Motorik bzw. physische und psychische Bewegungsfähigkeit notwendig.

Gesundheit durch Emotionalität

Geborgenheit im sozialen Netz, Vertrauen in sich und andere, Unterhaltung mit Menschen, Freude in Gesellschaft, das sind Gefühlsfaktoren, die der Mensch zur Entspannung und Regeneration braucht. Das so vermehrte Wohlgefühl und Selbstwertgefühl steigert die Lebensmotivation, samt Genussfähigkeit, und stabilisiert somit die Gesundheit.

Verhaltensregulierung

Regulierung des eigenen Verhaltens (Rücksichtnahme auf andere, Kritik annehmen und verteilen), Übernahme von Verpflichtungen, Einhalten von Regelungen, Rhythmisierung des Alltags und Erstellen eigener Strukturen ergeben sich durch Gruppenzugehörigkeit.

Die Bewegungstherapie für neurologische Patienten muss auf deren Bedürfnisse ausgerichtet sein: Wohlbefinden, persönliche Ansprache, Selbstständigkeit, Sicherheit und kognitiver Einsatz.

2.4.2 Nachteile der Gruppentherapie

Kritisch sind auch die Nachteile der Gruppentherapie zu betrachten. Gruppenarbeit ist schön, effektiv, aber anstrengend. Um Nachteile möglichst gering zu halten, sollte über sie diskutiert werden.

Individuelle Unterschiede

Neurologische Patienten bilden eine Gruppe von Individuen mit unterschiedlichsten Persönlichkeiten, Handicaps und Biografien. Die seelische Verfassung kann von totaler Resignation bis zu schonungslosem Umgang mit sich selbst aus übertriebenem Ehrgeiz reichen. Gemeinsam sind allen Patienten die physischen und psychischen Veränderungsprozesse im Laufe der Therapiezeit. Das bedeutet für den Therapeuten, einen ständigen Balanceakt zwischen Stimulierung und Dämpfung zu erbringen.

Empathie, eine unabdingbare Voraussetzung, lässt sich herstellen durch Kenntnisse über den Einzelnen (Biografie und Anamnese). Wichtig: Der Therapeut ist verpflichtet, mit diesen Informationen verantwortungsbewusst und diskret umzugehen. Hohe Flexibilität und Aufmerksamkeit gegenüber dem Einzelnen sowie der gesamten Gruppe sind genauso erforderlich wie die Verhinderung bloßstellender Vergleichssituationen.

Mit anderen Menschen zusammen zu sein, hört sich zunächst nach guter Laune und Vergnügen an. Es kann auch anders sein. Wird die Geduld einmal stark strapaziert, bietet dies die Chance, Toleranz zu üben. Wer lange allein war, hat eher

Probleme, die negativen Seiten sozialer Kontakte zu ertragen. Gemütsschwankungen können im Einzelfall zu weiterer Abkapselung verleiten. In diesem Fall ist sensibles Eingreifen des Therapeuten notwendig, um gänzliche Isolierung und deren krank machende Folgen zu verhindern. Dazu ist sehr viel Energie nötig. Der Patient lernt, sich mit anderen zu arrangieren, sich zu behaupten, sich nicht zu sehr an anderen zu messen und seine Grenzen zu akzeptieren.

Bei unbedachter Anwendung kann die Gruppendynamik Unerwünschtes bewirken. Zum Beispiel:

Überforderung durch Wettkampfdenken vermeiden

- Bloßes Zusammensein mit anderen kann bei Einzelnen Vergleichssituationen hervorrufen mit daraus resultierendem Wettkampfdenken, Überforderung (aus falsch verstandenem Ehrgeiz) oder Unterforderung (aus Mutlosigkeit und Depression).
- Aufgrund geringerer individueller Ansprache können unsichere Menschen noch unsicherer werden.

Der Übungsleiter muss immer von einer hohen Inhomogenität der Gruppe ausgehen, bedingt durch unterschiedliche Krankengeschichten, Biografien, Coping-Strategien[29], Motivation, Alter und Geschlecht.

Es ist möglich, den Nachteilen entgegenzuwirken durch

- die eigene Überzeugung von den Vorzügen der Gruppentherapie
- Kenntnis der Probleme und
- die Qualität des Bewegungsangebots.

2.5 Aspekte der neurologischen Sporttherapie

2.5.1 Übernahme physiotherapeutischer Elemente

Die Bewegungstherapie in der Gruppe bzw. Sporttherapie bietet viele Verbindungsstellen zwischen Sport- und Physiotherapie. Eine Fortsetzung und Verzahnung zur physiotherapeutischen Einzelbehandlung ist möglich in folgenden Bereichen:

- Atmung
- Beheben funktioneller Störungen
- Fortbewegung
- Gleichgewichtsschulung
- Konzentration
- Körperwahrnehmung

[29] Coping = Bewältigung seelischer Probleme

- Muskelkräftigung
- Reagieren auf unterschiedliche Bewegungsqualitäten
- Sensibilisierung der Sinne.

2.5.2 Weitere Inhalte der Gruppen-Sporttherapie

Im Gruppenverband ergeben sich neben der Kommunikationsförderung zusätzliche Inhalte, die den Wert der Sport- und Bewegungstherapie erhöhen:

- Anregung der Kreativität durch neue Eindrücke
- Schulung der Orientierung und Wahrnehmung von Raum, Zeit, Objekten, anderen Teilnehmern und sich selbst
- Assimilation, die eigene Anpassung an die Umwelt (sozial und materiell), und Akkommodation, d.h. Einwirkung auf die Umwelt im eigenen Interesse
- Förderung der Selbstständigkeit, Gruppendynamik.

2.5.3 Nebenwirkungen

Positive Nebenwirkungen sind:

- Freude an der Bewegung, die sich fast immer einstellt, auch wenn es zunächst evtl. nicht so aussieht. Sie kann und soll das angestrebte Bedürfnis wecken, regelmäßig körperlich aktiv zu sein.
- Freude daran, andere Menschen zu treffen, mit ihnen Erfahrungen und Erlebnisse auszutauschen oder auch nur zu plaudern.
- Vertrauen zu sich selbst und anderen zu entwickeln, trotz großer Abhängigkeit.

Vertrauen und Mut aufbauen

Vertrauen und Mut aufzubauen, ist bei dieser Patientengruppe besonders wichtig. Durch die Erkrankung sind manche Fähigkeiten verschwunden, auf die sie sich vorher verlassen konnten.

2.5.4 Teilnahmekriterien

- Aktives Mitarbeiten (= Phase C) [41]: Damit ein Patient an der Gruppentherapie teilnehmen kann, sollte sichergestellt sein, dass er aktiv mitarbeiten kann.
- Nicht störend ist hoher medizinischer oder pflegerischer Aufwand, solange das Problem der Anfahrt gelöst ist.
- Auch Rollstuhlfahrer können teilnehmen. Es ist Aufgabe des Therapeuten, für angemessene Bewegungsaufgaben zu sorgen (vgl. Sitzgruppe). Es ist möglich und empfehlenswert, gemischte Gruppen aus Nicht-Gehern und Gehern zu bilden. Dies entspricht dem Alltag.

Ärztliche Verordnung zur Bewegungstherapie in der Gruppe sollte immer genutzt und umgesetzt werden. Leider sind noch zu wenig Ärzte über den Wert von Sport und Bewegung nach Hirnläsionen informiert; demzufolge geben sie selten diesbezügliche Empfehlungen.

3 Einige Bemerkungen zur Pädagogik

3.1 Patientenbedürfnisse und Therapeutenfähigkeiten

Bedürfnisse der Patienten

Die Bewegungs-/Sporttherapie für neurologische Patienten muss auf deren besondere Bedürfnisse ausgerichtet sein. Bei aller Unterschiedlichkeit gibt es gemeinsame Ziele: Erweiterung der Bewegungsfähigkeiten, Wecken von Wohlbefinden, Schaffen von Sicherheit, Mut und Vertrauen durch persönliche Ansprache, Hinführung zur Selbstständigkeit und Anregung zu kognitivem Einsatz. Das erfordert von Übungsleitern/Therapeuten gegenüber den Patienten in erster Linie

Fähigkeiten der Therapeuten

- Geduld, weil Patienten mit neurologischen Schäden langsamer reagieren
- Achtsamkeit, weil alle Teilnehmer sehr verschiedenartig sind
- Verbindlichkeit und Einfühlungsvermögen, weil sie Vertrauen brauchen
- Motivationsfähigkeit, weil sie oft frustriert sind durch kaum erkennbare Fortschritte, vermeintliche Rückschritte oder Empfinden von Sinnlosigkeit bezüglich der Therapie und/oder des Lebens überhaupt
- Kreativität und Spontaneität, weil sich immer wieder Unplanmäßiges ergibt, was integriert werden muss
- Respekt vor den Lebenserfahrungen der Patienten. Ein Leben nach Gehirnläsionen ist naturgemäß gekennzeichnet von Verlusten, Umorientierung und unfreiwilligem Wertewandel, aber auch sehr stark von ungeheuren kognitiven Leistungen, bedingt durch die Notwendigkeit des Lernens.

Nicht zuletzt gehören Sach- und Fachkenntnisse in Methodik, allgemeiner und spezieller Krankheitslehre und Sport-/Bewegungswissenschaften dazu.

Innere Vorbereitung des Therapeuten

Um diese Forderungen zu erfüllen, empfiehlt sich immer wieder ein Stück Selbsterfahrung, d. h. die eigene Frustrationstoleranz zu intensivieren. Ansonsten sollte der Therapeut das Gleiche tun, was er seinen Patienten empfiehlt, um sich im Verständnis zu üben: in der Freizeit sich mit Dingen beschäftigen, die Freude berei-

ten, die fördern durch Fordern, die nichts mit Krankheit zu tun haben, und dabei den eigenen *Flow* suchen. Der Therapeut tut gut daran, für sich Coping-Strategien zu entwickeln, die ihm das Rüstzeug für eine positive Grundstimmung liefern. Dazu gehört auch Humor, der sich aus der Akzeptanz der Situation ergibt.
Lachenkönnen trotz allem – keine aufgesetzte Fröhlichkeit – und gute Laune sind quasi Pflicht für den Übungsleiter im Rehabilitationssport.
Es hilft wenig, Probleme zu dramatisieren oder zu verdrängen. Sinnvoller ist es, sie als gegeben und als Herausforderung zu betrachten. Der Austausch im Team, mit Kollegen oder eine Supervision helfen oft Klarheit zu finden, wenn Probleme unlösbar erscheinen. Erfahrungsgemäß ist die Stimmung bei Menschen mit Handicaps entschieden gelöster als beispielsweise bei gesunden Leistungssportlern, die oft sehr verbissen sind.

3.2 Neurologischer Rehabilitationssport mit Gruppen

Forderungen an die Bewegungsaufgaben in der Gruppentherapie

Es gibt nicht den *neurologischen Patienten*. Jeder hat ein anderes Defizit.
Um den unterschiedlichen Übungszielen während einer Gruppentherapie und möglichst vielen Teilnehmern gerecht zu werden, müssen die Bewegungsangebote so gestaltet sein, dass

- fast jeder mitmachen kann
- jeder Teilnehmer selbst entscheiden kann, inwieweit er sich beanspruchen möchte
- sich alle zum momentanen Gruppenverband zugehörig fühlen
- es irrelevant ist, wenn jemand langsamer oder schlechter agiert als andere.

Inhalte des Rehabilitationssports:

Kreativität und Kommunikation fördern

- Kreativität und Fantasie fördern
- Formen des Gedächtnistrainings einfügen
- Einüben von Bewegungsfolgen
- Motivationsförderung durch Freude, Erfolge und durch das persönliche Engagement des Kursleiters
- Kommunikation und sozialen Umgang weiterentwickeln.

Einstiegsmotivation ist bei den meisten zwar die Gesundheit bzw. die ärztliche Verordnung. Zur Bleibemotivation gehören aber der *soziale Kitt*[30], eine wichtige Erfahrung, die schon in der Klinik geboten werden sollte, und die Kompetenz des Kursleiters.

---

[30] Bindung an andere Menschen = Motivation, mit anderen zusammen zu sein

3.3 Methodik und Didaktik

In jeder Epoche herrschen unterschiedliche Ansichten über Lern- und Lehrmethoden. Darüber hinaus spricht jeder Mensch anders auf diese an. Die Methodik, die Art und Weise der Wissensvermittlung, sollte breit gefächert sein, weil Patienten mit Hirnläsionen höchst ungleiche Bedingungen mitbringen.

Das Lernen erfolgt beim neurologischen Patienten langsamer und erfordert mehr Wiederholungen.

Neurologische Patienten lernen langsam

Für erfolgreiches Lernen und Üben sind nötig

- variierende Wiederholungen
- Bezugspunkte zu: Alltag, Gesundheit, Biografie
- Motivation bzw. Lernfreudigkeit (s.o.)
- allgemeine und individuelle „Eselsbrücken" (z.B. Begriffe aus dem jeweiligen Berufsleben) zur Unterstützung der Merkfähigkeit.

Für die unterschiedlichen Lernerfahrungen einzelner Teilnehmer einer Gruppe hat sich folgender methodischer Aufbau als sinnvoll erwiesen:

- Basis
  - langsamer kontinuierlicher Aufbau
  - vom Leichten zum Schweren
  - vom Bekannten zum Unbekannten
  - Lernziele angeben
  - von der Einzel- zur Paar- und Gruppenarbeit
  - Variationen
  - Wiederholung, von Anfang bis zum Ende einer vorhergehenden Aufgabe
  - Erfolgsorientierung.
- Förderung der Selbstständigkeit
  - Rückzug bzw. Zurückhaltung des Therapeuten
  - Kommunikation zwischen den Teilnehmern
  - Kognition.
- Berücksichtigung der Unterschiede
  - Erzähl- und Austauschpausen
  - körperliche Verfassung der Teilnehmer
  - Bewegungsbiografie, Sportarten, Berufstätigkeit(en), Lebensstil.
- Vermeidung pädagogischer Sünden
  - mehr als einen Auftrag auf einmal
  - Frontalunterricht
  - Abfragen.

Didaktik
- ▷ Bezugspunkt zur Person: Alltag, Gesundheit, Biografie
- ▷ variierende Wiederholungen
- ▷ Motivation

Meiden!
- ▷ Abfragen
- ▷ Bloßstellen
- ▷ Frontalunterricht
- ▷ Mehr als einen Auftrag auf einmal
- ▷ Vergleich
- ▷ Zeitdruck

Fördern!
- ▷ Kognition
- ▷ Kommunikation zwischen den Teilnehmern
- ▷ Kreativität
- ▷ Rückzug des Therapeuten
- ▷ Selbstständigkeit

Berücksichtigen!
- ▷ Bewegungsbiografie
- ▷ Erzähl- und Austauschpausen
- ▷ Körperliche Verfassung der Teilnehmer

Basis
- ▷ Variationen
- ▷ Lernziele nennen
- ▷ Erfolgsorientierung
- ▷ Individuelle Dosierbarkeit
- ▷ Langsamer kontinuierlicher Aufbau
- ▷ Vom sehr Leichten zum Schweren
- ▷ Vom Bekannten zum Unbekannten
- ▷ Von Einzel- zur Paar- und Gruppenarbeit
- ▷ Wiederholung, jedes Mal von Anfang bis zum Ende einer bereits durchgeführten Aufgabe

3.4 Einsatz von Musik

Musik und Rhythmus

Bei der Bewegungstherapie für neurologische Patienten ist musikalische Unterstützung angebracht. Sie spricht neben dem Hörsinn auch sehr stark die taktilen Sinne an und hat darüber hinaus Einfluss auf das Vegetativum. Wohlgefühl, Sicherheit und rhythmische Unterstützung sind wesentliche Faktoren bei musikalischer Bewegungsförderung. Parkinson-Patienten empfinden Musik als sehr hilfreich zur Überwindung ihrer motorischen Probleme und einer traurigen Stimmung.

Musik = Erleben

Rhythmus und Melodie sprechen den ganzen Menschen an, eröffnen den emotionalen Zugang und motivieren. Musikaufnehmen geschieht nicht nur mit den Ohren, sondern mit Körper, Geist und Seele. Der Klang wird mit den Ohren gehört. Geist und Seele reagieren darauf je nach Verfassung und Vorgeschichte.
Musik als Bewegungsbegleitung steigert das Wohlgefühl durch Sicherheit (= Wiedererkennen) und bildet einen positiven nervösen Spannungsbogen. Letzterer wird erzeugt durch die sich ändernde Dynamik in Form von lauter und/oder leiser werdender Musik, legato (fließend, gebunden) und staccato (abgehackt), Pausen und Notensprüngen. Sicherheit vermitteln bekannte Weisen und feste Strukturen: Strophen mit Refrain oder zyklusartigen Wiederholungen, wie Aufbau A-B-A; A-B, A-C, A-B usw.
Je nach Erleben werden beim Hören Erinnerungen oder Gefühle geweckt. Bewährt haben sich Lieder und Musik aus der jeweiligen Jugendzeit oder dem frühen Erwachsenenalter, sie sind meist bekannt und positiv besetzt.

3.4.1 Rhythmik

Motivation durch Rhythmus

Der Rhythmus ist für die Dynamik zuständig, die vor allem bei der Gangschulung bedeutsam ist.
Einige Beispiele:

- Sehr harmonisierend und anregend wirkt er, wenn seine Geschwindigkeit der des Herzschlags entspricht (ca. 60–80 bpm)[31], *Übungsbeispiel:* Gehen und Laufen.
- Langsamer Dreivierteltakt animiert zu leicht schwingenden Bewegungen, *Übungsbeispiel:* Arm-/Beinschwünge, Drehungen.
- Salsa-Rhythmen, die Musik des südamerikanischen Straßenkarnevals, regen zu lockeren vorwärts treibenden Bewegungen an, *Übungsbeispiel:* Gehen in festgelegten und offenen Formen.
- Marschmusik fordert zur Fortbewegung in aufrechter Haltung auf, *Übungsbeispiel:* Polonaisen.
- Polka ermuntert zu leichten, schnellen Gehbewegungen, auch im Sitzen oder zum Hüpfen.
- Spannungssteigernd sind kurze Pausen, in denen dem Rhythmus nachgespürt wird, bis er wieder hörbar einsetzt, wie beim Cha-Cha-Cha oder Tango.
- Entspannend ist die Musik bei leichten regelmäßigen Beats.

[31] bpm = beats per minute = Taktschlag pro Minute

3.4.2 Melodie und Hörerleben

Stimulation durch Melodie

Die Melodie spricht sehr stark die Emotionen an. Die europäische Tonalität mit ihren Dreiklängen und Kadenzen, in Dur und Moll, ist eine für fast alle Menschen verständliche Sprache. Auch bei Konzentrationsübungen, wie beim autogenen Training, Körperreisen und Atemübungen, kann Musik unterstützend wirken.

Einige bekannte Musikvorschläge:

CDs von Vollenweider und Kitaro oder *Für Elise* und die *Mondscheinsonate* von Beethoven. Bekannte Melodien, wie Volkslieder, regen zum Mitsingen an.

3.4.3 Musik machen

Selbst Musik machen ist auch ohne musikalische Vorkenntnisse möglich. Durch Klatschen, Stampfen, Summen, Singen, Klanginstrumente, rhythmische Geräuschproduktion kann jeder zum *Musikanten* werden.

Töne selber machen hat etwas Befreiendes, stärkt das Selbstbewusstsein, das Gefühl der Selbstwirksamkeit und reduziert Angst.

Dem Singen kommen besondere therapeutische Bedeutungen zu:

- ▷ Einsatz von Mund, Zunge, Kehlkopf und Atemorganen unterstützt die Kommunikationsfähigkeit
- ▷ intensiveres Ausatmen fördert die Entspannung des vegetativen Nervensystems und die Kräftigung der Atmungsorgane
- ▷ Steigerung des Selbsterlebens
- ▷ Linderung schmerzlicher Einsamkeitsgefühle durch gemeinsames Tun/Singen.

3.5 Improvisation

Im Rahmen von Einschränkungen zufriedenstellend handeln

Improvisation heißt, ohne Vorbereitung – auch mit Einschränkungen (Zeit, Materialien, Fähigkeiten, Wissen) – etwas vollbringen. Improvisieren birgt Befreiendes, weil kein Anspruch auf Perfektion besteht. Improvisation gehört für Menschen mit Behinderungen zum täglichen Leben. Sie sind darauf angewiesen, auch mit Einschränkungen zufriedenstellend zu handeln.

In der Bewegungsschulung ist Improvisation positiv besetzt. Die Improvisationsaufgaben regen Kreativität und Fantasie an, damit auch kognitive Fähigkeiten wie die Konzentration. Sie vermitteln dem Improvisierenden das beglückende Gefühl, etwas spontan geschaffen zu haben. Allerdings muss sich der Lehrer/Trainer zunächst methodisch vorbereiten.

Der Teilnehmer darf hingegen intuitiv handeln. Gemeint ist in diesem Fall freies Agieren/Bewegen unter begrenzten Umständen gemäß einem bestimmten Thema. Hat der Trainer die methodischen Regeln zur Improvisation verstanden und kann sie umsetzen, so hilft es ihm, in Zukunft unvorhergesehene Situationen besser zu meistern. Methodisch vorgegangen wird, indem nach dem Gelingen einer ersten Aufgabe, mit vielen Einschränkungen, eine Erweiterung nach der anderen hinzugefügt bzw. Grenzen geöffnet werden und so immer größere Bewegungsspielräume zur Verfügung stehen. Erfolgversprechend ist der Einsatz von Musik, da sie motivierend und anregend wirkt.
Im Folgenden ein Übungsbeispiel in neun Erweiterungsschritten.

Kreisimprovisation zu Polkarhythmen

Stuhlkreis, mindestens fünf Personen, Polkamusik (z.B. *Annen-Polka:* sehr langsam; *Tritsch-Tratsch-Polka* und *Unter Donner und Blitz:* sehr schnell; alle von Johann Strauß).

Aufgabe	Begrenzungen	Bewegungserweiterung
1. Alle Teilnehmer (TN) sitzen mit geschlossenen Augen im Kreis. Musik spielt. Jeder bewegt Beine und Füße so, wie es ihm gefällt.	▷ sitzen ▷ nicht sehen ▷ nur sich selbst und Musik wahrnehmen ▷ nur Beine bewegen	
2. Augen auf! TN1 macht mit den Beinen einfache Form vor, alle machen mit, bis TN1 mit beiden Händen auf die Knie klatscht und der Nachbar drankommt. Und so fort den ganzen Kreis durch, bis alle dran waren.	▷ sitzen ▷ Nachahmung der Bein- und Fußbewegungen ▷ feste Reihenfolge der Vortänzer	▷ Augen auf ▷ Anderes und andere wahrnehmen
3. Wie 1. und 2.: Das Gleiche nur mit Hand- und Armbewegungen	▷ sitzen ▷ nur Hände und Arme bewegen ▷ feste Reihenfolge der Vortänzer	

Aufgabe	Begrenzungen	Bewegungserweiterung
4. Wie 1. und 2.: Arme und Beine gleichzeitig	▷ Nachahmung ▷ feste Reihenfolge der Vortänzer	▷ Sitz ▷ Arme und Beine bewegen
5. Wie 1. und 2.: Arme und Beine gleichzeitig, mit Aufstehen und wieder hinsetzen	▷ Nachahmung ▷ feste Reihenfolge der Vortänzer	▷ Sitz ▷ Arme und Beine bewegen ▷ Stand
6. Arme und Beine gleichzeitig, mit Aufstehen 1–2 Takte vorwärts, 1–2 Takte rückwärts bewegen und wieder hinsetzen	▷ Nachahmung ▷ feste Reihenfolge der Vortänzer	▷ Sitz ▷ Arme und Beine bewegen im Stand ▷ Fortbewegung
7. Wie 6. und Seitwärtsbewegungen	▷ Nachahmung ▷ feste Reihenfolge der Vortänzer	
8. Wer zuerst reagiert, ist Vortänzer		▷ Beliebiger Wechsel ▷ Beliebige Richtung
9. Jeder, wie er will		▷ Alles ist erlaubt

So lange, bis die ganze Gruppe mit und ohne wechselnde Vortänzer tanzt und jeder immer freier wird in seinen Bewegungen. Unveränderliche Begrenzungen sind dabei die Musik bzw. der Polkarhythmus und zu Beginn der Sitzkreis. Die Bewegungen erfolgen nach Gefühl und nicht nach Planung.

3.6 Kognitiver Einsatz

Unter kognitivem Einsatz versteht man *Mitdenken*, gedankliches Verfolgen eines Vorganges oder bewusstes Einschalten des Gedächtnisses.

3.6.1 Mitdenken

Manche Autoren bezeichnen das Gedächtnis neuroanatomisch als Sitz aller oben genannten Fähigkeiten. Andere Autoren definieren das Gedächtnis [42] auch als die Fähigkeit, Sinneswahrnehmungen, Erfahrungen und Bewusstseinsinhalte zu registrieren, über längere oder kürzere Zeit zu speichern und bei gegebener Gelegenheit wieder zu reproduzieren.
Für das Denken gilt wie für alle anderen Gehirnfunktionen, dass es sich vielschichtig auf mehreren Ebenen offenbart:

- Weil Lernen und Sich-Erinnern bestimmte Teile des Gehirns beanspruchen.
- Neurophysiologisch, auf der Ebene der Nervenzellen und ihrer Verbindungen. Jeder Vorgang beruht auf der elektronischen Erregung vieler Neuronen.
- Biochemisch: Die Neurone werden erst mittels chemischer Botenstoffe elektrisch aktiv.

Denken ist ein komplexer Vorgang auf mehreren Ebenen des Gehirns

Denken setzt gespeichertes Wissen voraus. Zur Speicherung unterscheidet man das Kurzzeit- und das Langzeitgedächtnis. Die Zugriffsgeschwindigkeit auf das Kurzzeitgedächtnis ist enorm hoch, die Lagerkapazität des Wissens scheint hingegen sehr knapp zu sein. Erst mehrmaliges Wiederholen wirkt einprägend auf das Langzeitgedächtnis. Sodass es u.U. ein Leben lang speichert. Der Übernahmeprozess, also die Speicherung, vom Kurzzeitgedächtnis zum Langzeitgedächtnis beträgt ca. eine Stunde. Der Zugriff dauert aber um etliches länger. Allerdings kommt man umso schneller an das Wissen heran, je öfter man es abruft.
Im Gehirn werden in den jeweiligen relevanten Regionen Wissen und Fertigkeiten gespeichert. Wissen umfasst normalerweise Dinge, die sich sprachlich beschreiben lassen, z.B. Fakten und Ereignisse, aber auch Erinnerungen an Gesichter, Worte und Gegenstände.
Als Fertigkeiten bezeichnet man komplizierte Bewegungsprogramme, bei denen man oft das Gefühl hat, sie seien im Körper gespeichert. Hierzu zählen Fahrradfahren, Rollschuhlaufen, Autofahren, Schreiben usw. Das sind Handlungen, deren Ausführungsprogramme bewusst durch Üben oder unbewusst durch Wiederholungen erworben wurden und gespeichert sind.
Als Lernen bezeichnet man den Prozess, bei dem neues Wissen erworben wird. Lernen findet mit jeder Aktion statt. Verschiedene Lerninhalte werden in verschiedenen Gehirnregionen gespeichert. Der Erwerb von Wissen und Erfahrungen geschieht im Säuglings- und Kindesalter meist unbewusst. Überlebenswichtige Erfahrungen werden vor allem mit den Sinnen gemacht: durch Saugen, Tasten, Greifen, Schreien, Fortbewegung usw.
Bei Kindern und bei Erwachsenen setzt der erfolgreiche Lernprozess auch Bewusstsein voraus.

3.6.2 Bewegung und Kognition

All diese Vorgänge im Gehirn werden auch mit dem Begriff der Kognition bezeichnet. Je bewusster eine Bewegung durchgeführt wird, umso ausgedehnter sind die aktiven Hirnareale. Die selbstständige Alltagsgestaltung, die im Normalfall recht reibungslos ablaufen kann, erfordert vom Patienten mit neurologischen Störungen sowohl viel Planung und Mitdenken als auch viel Bewegung. Bei dem Ziel, den Patienten wieder möglichst nah an die Selbstständigkeit heranzuführen, ist es unabdingbar, das Gedächtnis ebenfalls zu trainieren.

Für die neurologische Bewegungstherapie bieten sich Bewegungsaufgaben an, die mit Mitdenken verbunden werden. Bewegung regt die Neuronentätigkeit an und unterstützt die zum Funktionieren des Gehirns notwendige Sauerstoffzufuhr. Bewegung und kognitiver Einsatz ergänzen sich in hervorragender Weise.

Ein weiterer Hinweis auf die Verbindung zwischen Körper, Geist und Seele: Die nur scheinbar einfachste menschliche Bewegungsform, das Gehen, unterstützt psychische Funktionen. Der Neurologe Dr. E. Müller schreibt in einem Artikel zu Gangstörungen (Geriatrie Praxis 9/97): *Die Verbesserung einer gestörten Motilität/Mobilität bzw. die Aufrechterhaltung der motorischen Fähigkeiten bringt die Anregung von Hirndurchblutung und Hirnstoffwechsel und eine größere geistige Beweglichkeit mit sich.*

Funktion der Bewegung bei kognitiven Leistungen:

- ▷ Geistige Tätigkeit in Verbindung mit Bewegung intensiviert die Atmung, wodurch der Sympathikus aktiviert wird.
- ▷ Die für die „Kopfarbeit“ notwendige Sauerstoffmenge wird durch körperliche Aktivität zum Gehirn transportiert.

Gehirnleistungen sind ein Leben lang positiv beeinflussbar

Je höher das Maß an geistiger Aktivität in vorangegangener Zeit war, umso besser sind die Möglichkeiten eines erfolgreichen Gehirntrainings nach einer neurologischen Erkrankung. Diese Ressourcen sollten auf jeden Fall ausgeschöpft werden. Demnach sind Rückgriffe auf die Biografie des Einzelnen erforderlich, um die individuelle psychische[32] Rehabilitation zu fördern.

Aber auch bei weniger intensivem vorherigem Einsatz ständiger Gehirnleistungen gehören diese zu den Fähigkeiten des Menschen, die sich lebenslang positiv beeinflussen lassen, ausreichende Motivation vorausgesetzt. Der Anregungsgehalt wird größer, die Reize durch die Umwelt nehmen bei Gruppentraining zu durch

- ▷ zwangsläufigen Ortswechsel
- ▷ die Kommunikation: Kennenlernen von anderen Menschen, Gespräche führen und Gedankenaustausch

---

[32] Man unterteilt die menschliche Psyche in Intellekt und Emotion.

- die zunehmende Mobilität, die vermehrten Möglichkeiten, sich steigernde Kraft und Unternehmungslust.

Das Selbstbild des Patienten hat die Chance, sich durch vertraute Bewegungen zu stabilisieren, die man früher gerne ausgeführt hat. Die Motorik wird durch Assoziationen unterstützt, wenn

- durchgeführte Bewegungen mit früherem Wissen/Erfahrung verbunden sind
- spezifische Wahrnehmungen (akustisch/visuell/olfaktorisch/taktil) durch bestimmte Erlebnisse vertieft werden.

3.7 Lernen mit allen Sinnen

Zum erfolgreichen Lernen reicht es nicht aus, nur den Verstand einzusetzen. Gerade bei neurologischen Patienten ist es sinnvoll, alle Sinne zu beteiligen. Die Sensorik ist der erste Lehrmeister im Leben, im Alltag eines Menschen und bei der Wissensaufnahme. Jede Erfahrung, jedes Wissen muss über den sensorischen Speicher laufen, um ins Kurzzeitgedächtnis zu gelangen. Je mehr Sinne an der Wissensaufnahme beteiligt sind, umso beeindruckender ist sie und umso größer ist die Chance der Überleitung ins Langzeitgedächtnis.

Sinneserfahrung

Man vermutet, dass beim partiellen oder ganzen Ausfall der Funktion eines Sinnes die anderen Sinne seine Funktion zum Teil kompensieren können; dies geschieht umso besser, je geübter das „Team“ der Sinne ist.

3.7.1 Aspekte der Bewegung

Handeln ist Bewegung. Die Handlungsfähigkeit trägt zur Erhaltung der Selbstständigkeit bei. Bewegung tut gut, man sieht es den tobenden und spielenden Kindern an, auch erwachsenen Menschen, wenn sie sich körperlich betätigen: Tanzen, Sport, Wandern, Schwimmen.

Dennoch besteht ein Konflikt zwischen dem uralten und gültigen Bewegungskonzept Mensch und der heutigen zivilisationsbedingt bewegungsarmen Lebensweise mitsamt dem „Ich bin zu alt“-Konzept.

Leben bedeutet, einem ständigen Adaptationsprozess unterworfen zu sein; das heißt, sich einzustellen auf die sich ständig wechselnden Verhältnisse. Dies gelingt umso zufriedenstellender, je mehr der Mensch seinen eigenen Bedürfnissen, angeglichen an die bestehenden Verhältnisse, gerecht werden kann. Er selbst ändert oder entwickelt sich, genauso wie die gesamte Umwelt. Besonders hart ist das Anpassen der eigenen Person bei Erkrankungen. Der Mensch muss sich all dieser Veränderungen und seiner Ziele bewusst werden.

Anpassung

Um dieses Problem zu meistern, gibt die genetische Ausstattung sehr viele Möglichkeiten mit auf den Weg. Nur die ständige Inanspruchnahme sorgt dafür, dass diese Fähigkeiten nicht verloren gehen. Das gilt für Kranke und Gesunde gleichermaßen. Kranksein gehört natürlich zu den unfreiwilligen Lernsituationen. Dabei sind zwei Phänomene zu beobachten:

Lernmotivation im Krankheitsfall?

- die Möglichkeit des sekundären Krankheitsgewinns: Plötzliches Interesse der Umgebung an der eigenen Person, Hilfsbereitschaft von allen Seiten, Entbundensein von Pflichten und Konzentration auf den Umgang mit der Krankheit lassen das Kranksein nicht selten zum positiven Erlebnis werden – auch wenn dies von den Betroffenen vehement abgestritten wird.
  Dieses Phänomen wird zum Risiko für die Selbstständigkeit, wenn der Patient den Weg zur Gesundheitsorientierung verpasst: gehen üben, statt im Rollstuhl sitzen, selber essen, statt gefüttert werden, Kontakte suchen statt Isolation.
- das Ablehnen jeglicher Unterstützung, was manchmal bei schwerer betroffenen Patienten auffällt: Sie entwickeln einen unbändigen Ehrgeiz darin, alles alleine zu tun, obwohl Hilfe zur Selbsthilfe angebracht wäre. Praktische Ratschläge zur leichteren Ausführung von Alltagshandlungen werden ungern angenommen. Sie bevorzugen den dornenreicheren Weg der Selbsterfahrung.

Eine Neuorientierung in Richtung Wieder-gesund-werden ist manchmal nicht möglich. Ein Parkinson-Kranker wird nie mehr gesund werden. Er braucht Lebensqualitäten, die ihm neue Perspektiven eröffnen. Lebensfreude ist die Motivation: Um zu überleben oder das Leben wieder genießen zu können, sollten beim Patienten Freude bringende und aktivierende Maßnahmen eingesetzt werden.
Die Selbstständigkeit ist das wichtigste Ziel und bedeutet eine Entlastung für alle Angehörigen und die Solidargemeinschaft der Versicherten. Der Sinn des Lernens liegt vor allem in der Überlebenssicherung und in der Erhaltung der Selbstständigkeit. Aufgabe des Therapeuten ist es, die Bewegungsangebote so zu gestalten, dass die Patienten Lust bekommen, selber an ihrer Selbstständigkeit zu arbeiten.

3.7.2 Physische und psychische Bewegung als Anpassungsförderung

Adaptation

Anpassung ist anstrengend, oft auch mit Überwindung und Abhärtung verbunden. Den Anpassungsvorgang des Organismus als Reaktion auf äußere und innere Anforderungen nennt man Adaptation. Die Adaptationsfähigkeit, also eigenes Handeln und organische Reaktionen auf Anforderungen (Abhärtung, Training), auch Vitalität genannt, kann durch Übung genauso erhalten und verbessert werden wie alle anderen Fähigkeiten, wobei dieser Begriff sowohl physisch als auch psychisch zu betrachten ist.

4 Bewegungsspiele

Im Folgenden wird beschrieben, wie Patienten *spielend* näher an die Selbstständigkeit geführt werden können.

Es handelt sich um Übungen, *die eine von einem bestimmten Spielgedanken beziehungsweise einer Aufgabe ausgehende Folge von freudvollen Handlungen sind, die durch motorische Leistung und soziale Aktivität bestimmt werden*" [43].

Spielerisch zu neuer Selbstständigkeit finden

Einige der folgenden Bewegungsspiele gibt es schon seit langem, sie sind entstanden durch den Spieltrieb des Menschen.

Manche Bezeichnungen und Inhalte erinnern an altbewährte Kinderspiele, wie z.B. *Stille Post* oder *Schinkenklopfen*. Die bereits vorhandenen und sehr sinnvollen Spielinhalte wurden übernommen: Konzentration, Kommunikation, Kennenlernen, Kreativität. Während der methodischen Aufarbeitung haben sich immer wieder neue Variationen entwickelt.

Die Bewegungsspiele vermitteln Freude an der Bewegung und haben Sozialisations- und Kommunikationseffekte. Sie können beim Abbau von Aggressionen und Spannungen helfen, gruppendynamische Prozesse unterstützen. Über die Steigerung und Stabilisierung des Selbstwertgefühls tragen sie zur Minderung der Angst [44] bei, an der manche neurologische Patienten leiden.

Im motorischen Bereich verbessern Spiele sowohl Reaktion und Koordination als auch die Bewegungsökonomie [45]. Bei manchen Spielen werden auch Kraft und Beweglichkeit geübt. Unbestritten ist, dass auch Konzentrations- und Wahrnehmungsfähigkeit gefördert werden.

4.1 Besonderheiten der Bewegungsspiele

Neben den oben angeführten Eigenschaften zeichnen sich die im Folgenden beschriebenen Bewegungsspiele durch bestimmte Besonderheiten aus, die auf Patienten mit Hirnläsionen ausgerichtet sind.

Die Bewegungsspiele setzen kein Wissen oder Können voraus

- Es handelt sich um nicht sportartspezifische Übungen. Sie setzen kein spezielles Wissen über Regelwerk und Bewegungsfolgen voraus und sind auch für Nicht-Sportler geeignet.
- Alle Bewegungsspiele sind methodisch für Personen mit unterschiedlichen motorischen, sensorischen und kognitiven Defiziten aufbereitet, aber auch geeignet für alle anderen Personen.
- Es gibt kein Verlieren oder Gewinnen. Eine offensichtliche Blamage wegen Misserfolg wird so vermieden.
- Fast jede Bewegungsaufgabe erfordert kognitiven Einsatz.
- Das Leistungsniveau aller Übungen ist sowohl vom Übungsleiter als auch vom Teilnehmer selbst individuell dosierbar: nach oben und unten. Jeder kann auf seine Kosten kommen.
- Es gibt viele mögliche Verbindungsstellen zwischen Physio- und Sporttherapie.
- Der geringe Materialaufwand ermöglicht eine kostengünstige Durchführung.
- Die Bewegungsaufgaben sind kulturunabhängig, weil sie keine bestimmte Vorbildung (Regelwerk, Sportarterfahrung) oder Herkunft erfordern.
- Die Verletzungsgefahr ist gering.
- Die Spiele fördern die Freude.

Abb. 4.1 Drückeberger: Freude am Spiel ist deutlich erkennbar

4.2 Risiken beim Spiel mit neurologischen Patienten

Risiken

Jeder Sporttherapeut muss sich darüber im Klaren sein, dass bei dieser Patientengruppe nicht nur das Nervensystem und die Sinnesorgane langsamer und anders reagieren als bei Gesunden und die motorische Anpassung geringer ist, sondern auch jeder Betroffene andere Voraussetzungen mitbringt. Manche können nicht so gut hören, andere nicht so gut sehen.
Der Übungsaufwand ist manchmal recht groß, und der Lernerfolg stellt sich nicht immer zuverlässig ein. Das heißt, der Übungsleiter hat viel Geduld und guten Willen zu erbringen.
Der gesamte Bewegungsapparat dieser Zielgruppe ist störanfälliger. Mangelnde Koordination, Lähmungen und Elastizitätsverlust von Muskeln, Sehnen und Gelenken können leichter zu Schmerzen und Verletzungen führen.

Erste Hilfe

Äußere Faktoren wie hohe Außentemperaturen oder Luftfeuchtigkeit können den Puls hoch treiben. Es kann durchaus passieren, dass ein Patient bewusstlos wird ohne Verschulden des Therapeuten. Um für Notfälle gerüstet zu sein, sollte jeder Therapeut regelmäßig einen Reanimations- und Erste-Hilfe-Kurs besuchen. Angeboten werden sie u.a. vom Roten Kreuz in jeder größeren Stadt. Außerdem muss ein Arzt abrufbereit in der Nähe sein.
Wenn nicht immer alle Patienten bei allen Übungen mitmachen, darf das ein Therapeut nicht persönlich nehmen. Patienten, die zum Sport kommen, sind in der Regel recht ehrgeizig. Setzt einer der Teilnehmer manchmal aus, so bedeutet das wirklich, es geht nicht mehr.

4.3 Aufbau der Bewegungsspiele

4.3.1 Einteilung

Einteilung der Gruppen

In Anlehnung an die Einteilung mancher Kliniken[33] gibt es drei[34] Gruppen für die Bewegungsaufgaben.

Hocker = no go's

- **Hocker- oder Rollstuhlgruppe:** Personen bzw. Patienten, die noch nicht ohne Hilfe gehen können (s. Kap. 5)

Gleichgewicht = go's

- **Gleichgewichtsgruppe:** Personen bzw. Patienten, die schon oder noch gehen können, aber sehr unsicher und wackelig sind – das sind fast alle (s. Kap. 6).

[33] z. B. Kliniken Schmieder, Gerlingen bei Stuttgart

[34] in den USA hat sich die Einteilung no go's – go's – go go's bewährt

Sport = go go's ▷ **Sportgruppe:** Personen bzw. Patienten, die alleine gehen und laufen können, die belastungsfähiger und selbstständiger sind (s. Kap. 7).

Die Hockergruppe kann nur die dementsprechenden Übungen ausführen. Die Gleichgewichtsgruppe kann natürlich auch die Hocker-Übungen durchführen und teilweise die Vorübungen der Sportgruppe. Für die Sportgruppe, die *go go's*, sind alle Bewegungsspiele geeignet.

4.3.2 Beschreibung

Beschreibungsschema **Bezeichnung des Bewegungsspiels:** Die Namen zu den einzelnen Spielen sagen manchmal etwas über den Inhalt aus. Entstanden sind sie dank der Kreativität der Teilnehmer oder durch die Begriffsentlehnung von vorher bekannten Spielen.

Anforderungsniveau: Trotz der o.g. Gruppeneinteilung muss man davon ausgehen, dass die jeweiligen Teilnehmer unterschiedlich leistungsfähig sind.

A **A** bedeutet: geeignet für unsportliche, konditionsschwache und ungeübte Teilnehmer

F **F** bedeutet: geeignet für Geübtere und Personen mit normaler Kondition und etwas Sporterfahrung

FF **FF** bedeutet: für Geübte, Personen mit Sporterfahrung, guter Kraft und Kondition.

Wobei A- und F-Spiele natürlich auch für FF-Teilnehmer angewandt werden sollten.

Manche Bewegungsspiele zeichnen sich darüber hinaus durch besondere **Merkmale** aus, sei es, dass sie als „Eisbrecher" dienen oder es zu Körperkontakten kommt, dass sie besonders viel Spaß machen oder sehr schnell oder sehr ruhig ausgeführt werden. M = Merkmal Das Zeichen **M** (Merkmal) gibt darüber Auskunft und erleichtert dem Übungsleiter die Entscheidung bei der Auswahl.

Dauer Die **Zeitangaben**, die bei der Unterrichtsplanung helfen, sind flexible Erfahrungswerte über die **Dauer**, die nicht unbedingt eingehalten werden müssen/können. Je nach Verfassung der Teilnehmer und Ablauf der Stunde kann ein Spiel länger oder kürzer dauern. 20 Minuten sollten aber nie überschritten werden.

Ziele Mit jedem Bewegungsspiel werden naturgemäß mehrere **Ziele** verfolgt. Auch wenn die Übungen den Kapiteln no go's, go's oder go go's zugeordnet sind, können sie in den anderen Gruppen dennoch effektiv eingesetzt werden.

Idee Der **Spielgedanke**, die **Idee**, ist entweder prozessorientiert oder in eine kleine Geschichte eingebettet. Die Idee des Spiels stellt mit wenigen Worten den Verlauf dar. Sie dient zunächst der Orientierung des Therapeuten/Trainers und erleichtert die praktische Anwendung. Während der Vorübung die Idee den Teilnehmer zu erklären, hat sich als sinnvoll erwiesen.

Unterrichtsmaterialien oder so genannte **Hilfsmittel** werden nur so weit benutzt, dass sie die Bewegungen kreativ unterstützen. Sie werden sparsam eingesetzt, um:

Hilfsmittel

- den organisatorischen Aufwand zu reduzieren
- die Kosten nicht unnötig zu erhöhen
- den Teilnehmern zu zeigen, dass man sich auch mit wenig Gerätschaften gut bewegen kann.

Die Gruppengröße wird durch die Teilnehmerzahl (**TN-Zahl**) angegeben. Es handelt sich um die Mindestanzahl an Teilnehmern, nach oben kann sie soweit nötig erweitert werden.

TN-Zahl

Die richtige **Ausgangsaufstellung**, die **ASTE**, erleichtert die Durchführung.

ASTE

Aufbau der Spiele

Die Einteilung in die folgenden Kategorien helfen dem Therapeuten, die Organisation des Spiels schnell zu erfassen.

Die **Vorübung** oder Grundform ist sehr oft geeignet für *Anfänger, Ungeübte und schwerer Behinderte.* Die Vorübungen unterstützen den Einstieg. Sie machen vertraut mit den Bewegungselementen, bereiten den Körper vor und stimmen die Teilnehmer ein.

Vorübung oder Grundform

In der Praxis hat es sich als günstig erwiesen, ohne lange Vorreden mit der Vorübung zu beginnen. Während des Spiels ergeben sich oft Pausen, die man für weitere Informationen nutzen sollte.

Manchmal ist es förderlich, die Vorübung in einer Stunde anzubieten, sie in der nächsten Stunde zu wiederholen, um dann erst an den Hauptteil zu gehen.

Alle Spielregeln werden im **Hauptteil** während des **Verlaufs** schrittweise erklärt. Es empfiehlt sich, nichts auszulassen, auch nicht bei der Wiederholung.

Erklärungen im Verlauf

Die **Variationen** machen die Anforderung abwechslungsreicher. Sie sollten auf jeden Fall verwendet werden, um Lernerfolge zu sichern. Hin und wieder ist auch schon eine Variation eine Anspruchssteigerung. Die **Steigerungen** erhöhen das Leistungsniveau. Sie sollten aber erst ausprobiert werden, wenn die Grundform klappt! Sie sind auch in den beiden unteren Niveaus immer geeignet für Sportgruppen.

Variationen oder Steigerungen

Wichtig! Auch wenn die Spiele der Gruppe schon bekannt sind, bei Wiederholungen immer bei der Vorübung anfangen. Das heißt, kurz jede bereits geübte Station andeuten.

Die **Tipps** sind gute Ratschläge. Sie sind sicherlich beliebig zu erweitern. Sie erleichtern die Arbeit und weisen auf Fehlerquellen hin.

4.3.3 Symbole

Es gibt einige Begriffe, die immer wieder vorkommen und durch Symbole verdeutlicht oder durch Buchstaben abgekürzt werden. Sie verhelfen zur besseren Orientierung bei den Vorbereitungen.

A	Anfänger/Sportunerfahrene/-ungeübte
≋	Atmung
☯	Ausgleich und Entspannung
ASTE	Ausgangsposition/-stellung
≈	Bewegungsfluss/Rhythmus
✍	Feinmotorik
FF	Fortgeschrittene, sportlich und geübt
F	Geübtere, fortgeschrittene Anfänger
GriBs	Gedächtnistraining durch & mit Bewegungsschulung
∇	Gleichgewicht/Propriozeption
✎	Hilfsmittel/Unterrichtsmaterialien
🕯	Idee
☎	Kommunikation
♥	Kondition
☝	Konzentration
li	links
☺☺	macht Spaß
M	Merkmal
🏋	Muskeltraining
re	rechts
🕑	Schnelligkeit/Reaktion/Timing
👓	Sehen
👪	soziale Kompetenz
💾	Speichern/Merken
🎭	Spiel
📋	Steigerungen
TN	Teilnehmer
TR	Therapeut oder Trainer
📋	Tipps
⟳	Raumorientierung/sich wenden/drehen
♫	mit Musik
👂	Hören
→	Verlauf
🏃	Vorübung
Z	Zählzeiten
⇒	Ziel

5 Bewegungsspiele für die Hocker- und Rollstuhlgruppe – no go's

5.1 Schinkenklopfen A

M: Bodytouch
5–10 min

Ziele ⇒	Funktionsweisen des Körpers kennen lernen Wahrnehmungssteigerung: Hören, Sehen, Fühlen Soziale Kompetenz Koordination: Reaktion, Timing Kognition: Konzentration
Idee	Klatscher wandert von Knie zu Knie.
Hilfsmittel	Stühle oder Hocker
Vorübung **ASTE**	 Sitzkreis, mindestens 5 TN, so dicht wie möglich Alle TN sitzen im Kreis, Hände liegen auf den eigenen Knien, nacheinander klatscht jeder TN mit seinen beiden Händen auf seine eigenen Oberschenkel ▷ rechts im Kreis herum und ... ▷ links im Kreis herum, bis es klappt. Jeder klatscht mit jeder Hand einzeln nacheinander gemäß o.g. Schema auf seine Oberschenkel/Knie.
Spiel **ASTE**	 Sitzkreis, so dicht wie möglich Jeder TN legt seine re Hand auf das li Knie des einen Nachbarn und seine li Hand auf das re Knie des anderen Nachbarn.
Verlauf →	Klatscher wandert von Knie zu Knie: in der Reihenfolge der Knie, nicht in der Reihenfolge der Hände.
Steigerung/ Variationen ↗	Tempoerhöhung Gegen den Uhrzeigersinn Richtungswechsel durch Doppelklatsch angeben Nur bei ausgeprägt selbstsicheren Teilnehmern: Bei falschem Klatschen scheidet die jeweilige Hand aus. Bei großem Kreis: zwei Klatscher gleichzeitig durchgehen lassen. Ein Klatscher versucht den anderen zu fangen. Die Klatscher dürfen sich nicht treffen. (Das klappt zwar selten, erfreut aber! ☺☺)

Tipps

Wenn es Probleme bei Reihenfolge und Reaktion gibt, bleibt TR im Kreis und zeigt auf die Hand, die drankommt. Hände der TN nicht berühren!
Zeit lassen, auch wenn die TN schnell reagieren sollen!
Die ersten Richtungsänderungen durch Doppelklatsch führt TR zunächst ca. 3–4 mal durch. Dann, wenn es alle verstanden haben, weitergeben an TN.
Klatscher mindestens einmal herumwandern lassen, dann erst Richtungswechsel, sonst bewegt sich u.U. alles nur auf einer Seite des Kreises und der Rest der TN muss zuschauen.

Abb. 5.1
Schinkenklopfen: Hände liegen auf den Oberschenkeln

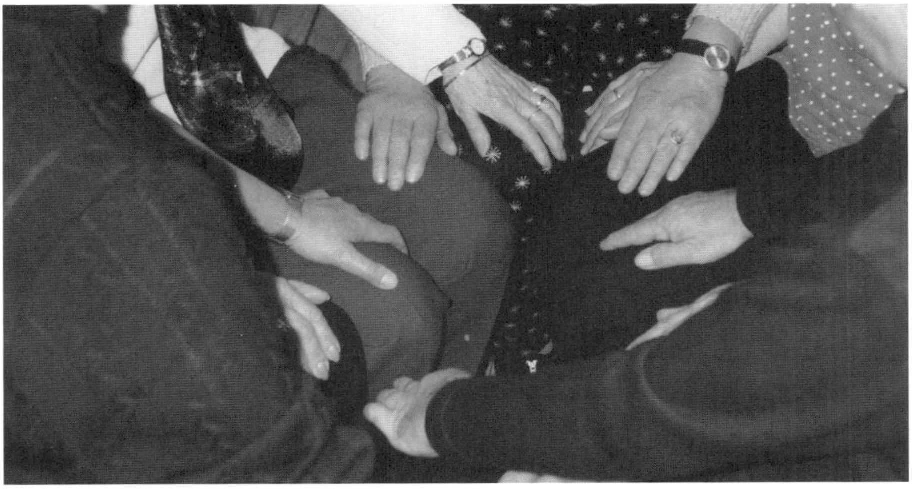

Abb. 5.2
Schinkenklopfen: Hände überkreuzen sich

5.2 Drückeberger A–F

M: Isometrisches Muskeltraining, Körperkontakt, ruhiges Spiel
10–20 min

Ziele ⇒	Differenzierung verschiedener Bewegungsqualitäten Koordination einzelner Körperteile, unterschiedlicher Bewegungsqualitäten Atmung Muskeltraining Soziale Kompetenz durch Kooperation: sich einstellen auf und handeln mit Partnern Kommunikation: etwas erklären und sprechen mit Partnern
Hilfsmittel	Sitzgelegenheiten, auch im Rollstuhl möglich. Am günstigsten sind Hocker oder Bänke. Sehr bewegliche TN können sich auch auf den Boden setzen.
Vorübung	Einzelarbeit: Atmung spüren bei geschlossenen Augen, dabei die Hand/Hände auf die Körperregion legen, wo die Atmung am deutlichsten spürbar ist: ▷ Wann atme ich ein? Wann atme ich aus? ▷ Fließend, lange und langsam ausatmen! Das Gleiche ohne Handauflegen Bei fließender Ausatmung z.B. Hände zu Fäusten schließen Bei der Einatmung wieder lösen, entspannen Ausatmen: Handflächen aneinander drücken, Hände auf Oberschenkel pressen oder mit der einen Hand sich selbst an der anderen Hand ziehen. Einatmen – Muskulatur dehnen! Ausatmen – Muskulatur kontrahieren!
ASTE	Paarweise gegenübersitzen
Spiel **Verlauf** →	Jeweils zwei Personen sitzen sich gegenüber. Sie spannen gleichzeitig in variierender Weise die Muskulatur zur parallel ausgeführten Atmung an. So oft wie möglich Partnerwechsel (hält flexibel, übt die Anpassung)
Steigerung/ Variationen ↗	▷ Partner geben sich die rechte Hand. Ausatmen und sich dabei gegenseitig „über den Tisch ziehen".

	▷ Zwei Partner geben sich die rechte Hand und legen dabei die Handflächen der linken aneinander. Ausatmen, unten rechts ziehen, oben links drücken (Seiten- und Partnerwechsel). ▷ Re Hand drückt gegen die Außenseite des li Oberschenkels vom jeweiligen Gegenüber. Sich gleichzeitig die li Hände geben. Beim Ausatmen mit der re Hand das Bein des Partners nach innen drücken. Der Partner drückt sein li Bein gegen die Hand nach außen (Seiten- und Partnerwechsel).
Tipps	Auffordern, andere Möglichkeiten auszuprobieren Damit während der Anstrengung richtig ausgeatmet wird, laut mitzählen lassen oder Vokal aussprechen. TR hat Zeit, die Körperhaltung zu korrigieren: gerader Rücken, Schulterblätter nach hinten unten ziehen, Ellenbogen in Richtung Taille (=> kräftigt M. latissimus dorsi).

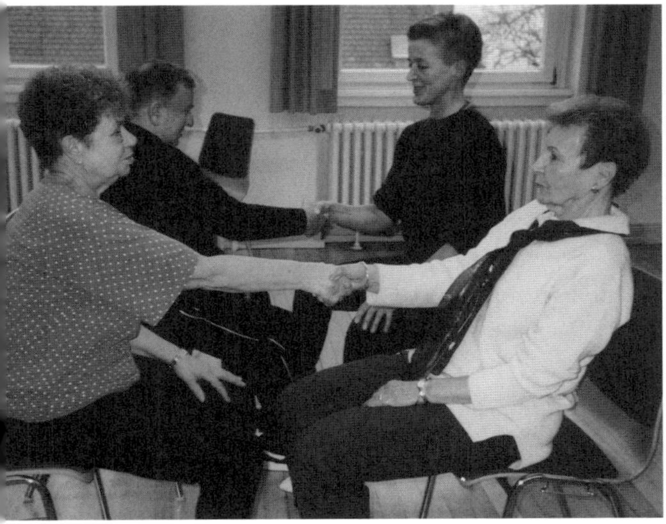

Abb. 5.3
Drückeberger: Steigerung

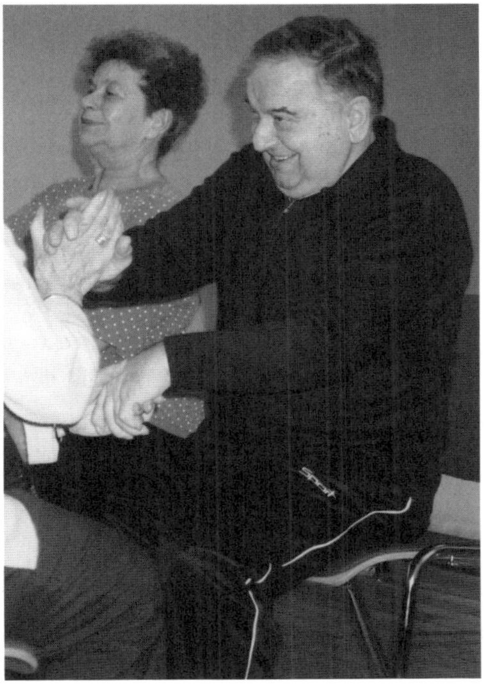

Abb. 5.4
Drückeberger: Steigerung, Freude am Spiel

5.3 Druckkreis A–F

M: Isometrisches Muskeltraining, Körperkontakt, ruhiges Spiel
5–10 min

Ziele ⟹	Funktionsweisen des Körpers kennen lernen Wahrnehmungssteigerung: Fühlen Soziale Kompetenz Koordination von Atmung und Bewegung Konzentration
Idee	Gemeinsam die Muskulatur trainieren
Hilfsmittel	Stühle oder Hocker
TN-Zahl	Mindestens fünf TN
Vorübung	Drückeberger (5.2)
ASTE	Sitzkreis, ziemlich dicht: so, dass die TN sich gegenseitig mit den Ellenbogen und Unterarmen berühren können.
Spiel	Unterschiedliche Körperpartien bei gemeinsamer und fließender Ausatmung aneinander drücken.
Verlauf →	Die Außenseiten der Unterarme aneinander legen: Gemeinsam einatmen, gemeinsam ausatmen, lange und langsam, währenddessen gegen die Unterarme des Nachbarn drücken. Knie und Füße im Kontakt zu den Nachbarfüßen und Knien aufstellen. Wie oben: Gemeinsam einatmen und gemeinsam ausatmen, lange und langsam, währenddessen mit den eigenen Beinen gegen die des Nachbarn drücken.
Steigerungen/ Variationen ↗	Arme und Beine gleichzeitig in Aktion setzen
Tipps	Während des Ausatmens Geräusche von sich geben: z.B. Vokale oder laut mitzählen = gute Kontrolle für TR und TN. Atmung muss fließend sein. Häufiger Nachbarwechsel ergibt unterschiedlichen Krafteinsatz und fördert die Kommunikation.

Abb. 5.5
Druckkreis: Gruppenspiel, Freude

5.4 Stille Post A

M: Ruhig, Körperkontakt
5–10 min

Ziele ⇒	Konzentration auf das Handeln anderer und auf das eigene Handeln Taktile Wahrnehmung Merkfähigkeit Soziale Kompetenz
Idee	Ohne sprechen Wörter/Begriffe verschicken/weiterleiten
Hilfsmittel	Hocker oder Turnbank
TN-Zahl	Mindestens vier Teilnehmer
Vorübung **ASTE**	 Zu zweit hintereinander sitzend oder stehend
	TR schlägt drei verschiedene geometrische Zeichnungen vor: z.B. Dreieck, Spirale, Blitz. Hintermann/-frau (H) malt eine davon dem Vordermann/-frau (V) auf den Rücken. V rät, welches Zeichen es war. Rollenwechsel Wenn es klappt, einzelne Buchstaben frei wählen lassen. Partnerwechsel, damit man lernt verschiedene „Handschriften" zu lesen.
Spiel **ASTE**	 Alle sitzen oder stehen hintereinander
Verlauf →	Die letzte Person der Schlange, der Schwanz, schreibt einen Buchstaben auf den Rücken von V. Ohne zu sprechen! Nicht laut mitlesen! V schreibt dem nächsten V das auf den Rücken, was er/sie gelesen hat. Der Erste, der Schlangenkopf, sagt dann laut, was er gelesen hat, schließt sich hinten an und wird der neue Schreiber.
Tipps	Erst einen Buchstaben vorne ankommen lassen, dann den nächsten losschicken.

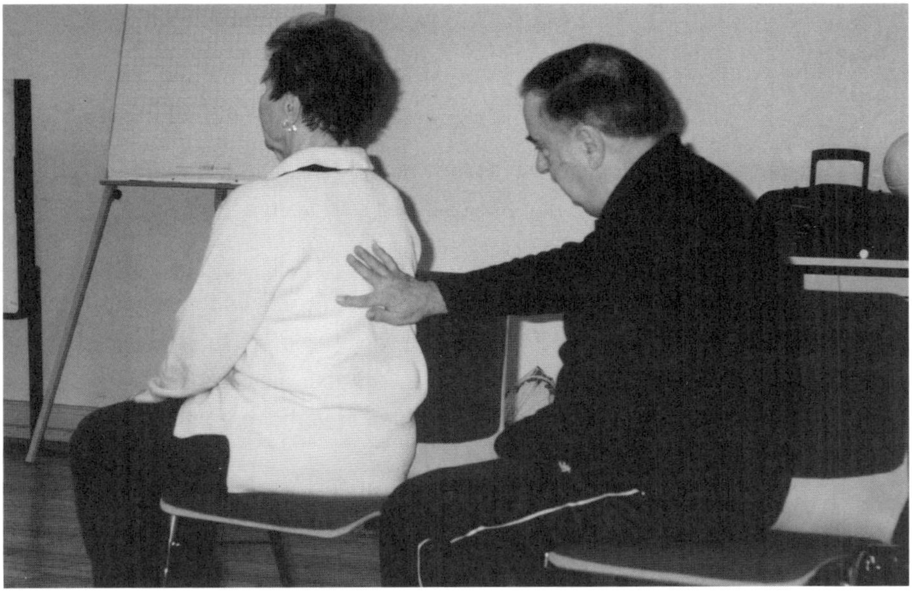

Abb. 5.6
Stille Post:
Zeichen auf den
Rücken „malen“

5.5 Ballgirlande A

M: Eisbrecher, Gedächtnisübung
10–20 min

Ziele ⇒	Gegenseitiges Kennenlernen Körpersprache Konzentration Orientierung und Wahrnehmung von Personen und Reihenfolge Koordination: Fangen, Werfen, Timing, Zielen und Treffen Merkfähigkeit
Idee	Der Ball wandert kreuz und quer, um eine bestimmte Anzahl von noch unbestimmten Besuchen zu machen. Er soll danach wieder „nach Hause" kommen. Überall lässt er irgendetwas Wichtiges liegen, weiß aber niemals, wo. Deshalb muss er denselben Weg zurückgehen, den er vorher gekommen ist. Sein Weg ähnelt einer Girlande. Die Anzahl der Besuche wird vom jeweils letzten Ballbesitzer bestimmt.
Hilfsmittel	Stühle und Ball
TN-Zahl	Mindestens vier TN
ASTE	Stuhlkreis
Vorübung	Ein Ball wird kreuz und quer geworfen. Der Fänger nennt jeweils seinen eigenen Namen. Der Werfer nennt den Namen des Fängers. Erst rufen, Reaktion abwarten, dann werfen! Weitermachen, bis jeder mehrmals dran war und die Namen den TN einigermaßen präsent sind.
Spiel **Verlauf →**	TR nennt die Anzahl der Besuche. Am günstigsten ist es, mit der Zahl EINS zu beginnen. Der Ball wird zu einem TN geworfen und wieder zurück zu TR. TR nennt Zahl ZWEI: Der Ball wird zu TN A, dann zu TN B weiter geworfen, dann den gleichen Weg wieder zurück: zu B, zu A, zurück zu TR. TR nennt Zahl DREI: Der Ball wird zu neuem TN A, dann zu neuem TN B und zu TN C geworfen, dann den gleichen Weg wieder zurück, wie eine Girlande: zu TN C, B, dann A und TR. Kann gesteigert werden bis SECHS, SIEBEN, je nach Verfassung/Wunsch der TN

Steigerung/ Variationen ↗	Der Ansager wechselt, so dass jeder einmal dran kommt. TR zählt nicht mehr laut mit. TN zählen auch nicht mehr laut mit. Plätze im Kreis nach ein, zwei Durchgängen wechseln.
Tipps	Den TN die Auswahl überlassen, wie gezählt wird: laut oder leise. Das ergibt jeweils eine andere Beanspruchung für die Konzentration. Der Ball kann auch gerollt werden (z.B. ein Pezziball). Kann auch am Tisch im Sitzen gespielt werden.

Abb. 5.7
Ballgirlande: Reaktionsschnelligkeit

5.6 Bewegungslotto A

M: GriBs
15–25 min

Ziele ⇒	Kognition: Gedächtnis, Zuordnen (Rechnen) Fantasie, Bewegungsfähigkeiten erweitern Motorik stabilisieren: hinsetzen, aufstehen, rennen Koordination und Reaktion Soziale Kompetenz, Kommunikation
Idee	Mit Zahlen und Bewegungen rechnen und spielen Den Ziffern EINS bis ZEHN bzw. NULL werden verschiedene Bewegungen zugeordnet, die entsprechend den folgenden Aufgaben (z.B.: Zahlen nennen) abgerufen und durch geführt werden.
Hilfsmittel	Stühle und ein oder zwei Schaumgummiwürfel
TN-Zahl	Mindestens vier TN, höchstens zehn TN
ASTE	Sitzkreis auf Hocker
Vorübung	TR macht eine Bewegung vor, alle anderen machen sie nach. Ausprobieren, welche Bewegungen für alle machbar sind.
Spiel **Verlauf →**	 Der erste TN nennt die Zahl EINS und macht eine Bewegung vor. Die Gruppe macht die Bewegung nach bzw. mit. Nachbar nennt dann die Zahl ZWEI, macht eine andere Bewegung vor. Gruppe macht mit; danach Wiederholung der ersten Bewegung. Nächster Kreisnachbar führt ebenfalls eine andere Bewegung vor für DREI. Gruppe macht mit; danach Wiederholung der ersten Bewegungen EINS, ZWEI und DREI. In der gleichen Weise weiter verfahren bei VIER, FÜNF, SECHS, SIEBEN, ACHT, NEUN, ZEHN bzw. NULL.
Steigerung/ Variationen ↗	Ein TN nennt irgendeine Zahl, und die Gruppe führt zusammen die entsprechende Bewegung durch, z.B. FÜNF, der Nachbar nennt auch irgendeine Zahl. Zweistellige Zahlen nennen: z.B. 24 = Bewegung ZWEI und Bewegung VIER Erhöhung bis auf sechsstellige Zahl möglich

	Eigene Telefonnummer/Postleitzahl/Geburtstag etc. nennen Falls die TN sehr sicher sind: Eine Person macht eigene Telefonnummer vor, alle machen mit und raten die Zahl. Zahlen würfeln lassen: Sie können addiert, multipliziert und/oder hochgerechnet werden. Diese Zahlen dann in Bewegung umsetzen.
Tipps	Um sich Zahlen und Bewegungen einzuprägen, zunächst mehrmals die numerische Reihenfolge einhalten. Dann alle geraden Zahlen nennen und sich demgemäß bewegen. Alle ungeraden Zahlen nennen. Man kann auch am Tisch spielen: Es werden dann nur Hände und Arme eingesetzt. Auf dem Boden, also beim Sitzkreis, mit großem Schaumstoffwürfel spielen. Am Tisch mit normalen, aber großen Holzwürfeln.

Abb. 5.8
Bewegungslotto: Bewegungen nach Zahlenvorgaben

5.7 Spiegelbild A

M: Nachahmung, Körpersprache lesen
10–20 min

Ziele ⇒	Funktionsweisen des Körpers kennen lernen Konzentration Koordination Kreativität Selbstwirksamkeit Soziale Kompetenz Wahrnehmungssteigerung: Sehen
Idee	Vor dem Spiegel turnt jemand herum, und das Spiegelbild macht alles nach.
Hilfsmittel	Stühle oder Hocker Evtl. langsame Musik: legato oder staccato. Beides kann schön sein.
TN-Zahl	Mindestens zwei TN
ASTE	Paarweise gegenüber, absprechen, wer der Vorturner ist
Spiel Verlauf →	Sich tief in die Augen schauen. Dann den Kopf mitbewegen, Spiegelbild macht alles gleichzeitig und spiegelbildlich mit. Re Arm auf und ab bewegen, li Arm bewegen, beide Arme Arme kreisen, beugen und strecken Rollenwechsel Partnerwechsel Oberkörper mit einbeziehen
Steigerungen/ Variationen ↗	Arme und Beine gleichzeitig in Aktion setzen Spiegelbild berühren: mit der Hand, mit dem Ellenbogen, mit der Nasenspitze Gesicht verändern: Nase rümpfen, Backen aufpusten usw.
Tipps	Zu Beginn die Vorgaben einzeln machen, schrittweise erweitern (s. auch Kap. 3.5, Improvisation).

5.8 Dreierkiste A

M: wenig Aufwand, individuell dosierbar
5–10 min

Ziele ⇒	Funktionsweisen des Körpers kennen lernen Konzentration Koordination Kreativität Selbstwirksamkeit Soziale Kompetenz Wahrnehmungssteigerung: Sehen
Idee	Zwei Personen wollen sich sehen, aber einer stört immer dabei.
Hilfsmittel	Stühle oder Hocker
TN-Zahl	Mindestens drei TN
Vorübung	Spiegelbild (5.7)
ASTE	Zwei TN A und B sitzen sich gegenüber, in so großem Abstand, dass ein dritter TN C dazwischen sitzen kann, mit Blick zu TN B.
Spiel **Verlauf →**	A will B sehen. B will ebenfalls A in die Augen schauen. Aber C gefällt das nicht. Er verhindert durch seine Bewegungen den Blickkontakt. Berühren der anderen verboten.
Steigerungen/ Variationen ↗	Rollenwechsel, sodass jeder einmal in jeder Position/Rolle ist Evtl. auch Partnerwechsel

5.9 Liegestuhl A

M: sehr entspannend
5–10 min

Ziele ⇒	Funktionsweisen des Körpers kennen lernen Konzentration Koordination Kreativität Selbstwirksamkeit Soziale Kompetenz: gegenseitiger Austausch Wahrnehmungssteigerung ⇒ Entspannung
Idee	Wir basteln uns einen Liegestuhl. Je besser er ist, desto bequemer!
Hilfsmittel	Hocker oder Turnbank Schmusemusik: Vollenweider, Mondscheinsonate (Beethoven)
TN-Zahl	Mindestens zwei TN
Vorübung **ASTE**	 Einzeln auf Hocker oder Bank sitzen. Atem spüren mit geschlossenen Augen. Aus- und Einatmung wahrnehmen. Beim Einatmen sich im Sitz aufrichten. Beim Ausatmen mit geradem und langem Rücken nach vorne gehen. Beim Einatmen Oberkörper wieder in die Senkrechte führen.
Spiel **ASTE**	 Zwei TN A und B sitzen auf zwei Hockern oder einer Bank: Rücken an Rücken wie siamesische Zwillinge.
Verlauf →	A und B nehmen durch den Rückenkontakt gegenseitig ihre Atembewegung wahr. Gemeinsames Einatmen, beim gemeinsamen Ausatmen geht A mit geradem Rücken nach vorne und B bleibt weiterhin mit dem ganzen Rücken in Kontakt zu A. A ist der Liegestuhl und B der Passagier oder Feriengast. Wenn A nicht mehr Liegestuhl sein will, geht er mit geradem Rücken wieder hoch und B wird zum Liegestuhl.

Steigerungen/ Variationen ↗	Fast wie bei den siamesischen Zwillingen sind auch die Oberarme aneinander gewachsen: Beide Partner sitzen Rücken an Rücken. Sie haben zusätzlich gegenseitigen Kontakt mit den Oberarmen und versuchen sie zu bewegen, ohne sich voneinander zu lösen. Bei der nächsten Liegestuhlaktion die Arme mit einsetzen. Der Liegestuhl steht auf einem Kreuzfahrtschiff. Es schaukelt ganz leicht hin und her.
Tipps	Es geht nicht darum, dass die TN möglichst weit nach vorne kommen, sondern darum, dass der Rücken gerade bleibt. Je gerader der Rücken des Liegestuhls ist, umso besser ist es für den Liegestuhl und für den Benutzer. Eine gute Übung, um Gefühl für den eigenen Rücken zu entwickeln. Die TN sollen sich gegenseitig korrigieren: Das ist für beide Partner von Vorteil. Nicht vor lauter Höflichkeit einen ungemütlichen Liegestuhl in Kauf nehmen! Manchmal ist es hilfreich, wenn der TR zur eigenen Erfahrung bei den TN auch den Liegestuhl spielt. Er kann dem TN leichter die rückengerechte Haltung zeigen.

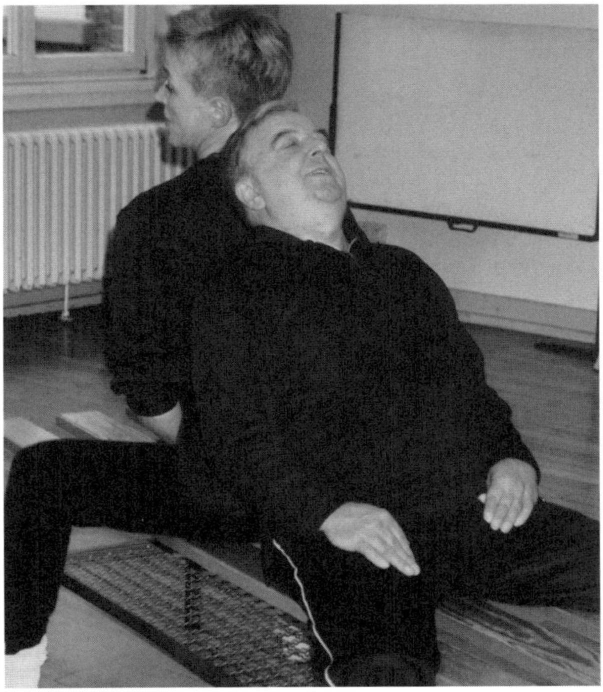

Abb. 5.9
Liegestuhl: Rückenübung

5.10 Liste machen A

M: GriBs
5–10 min

Ziele ⇒	Konzentration Koordination Kreativität Selbstwirksamkeit Soziale Kompetenz: gegenseitiger Austausch Wahrnehmungssteigerung: Bewegung und Personen Gedächtnis
Idee	Wir merken uns mithilfe von Bewegungen, was wir alles tun wollen.
Hilfsmittel	Hocker oder Stühle
TN-Zahl	Mindestens vier TN
ASTE	Sitzkreis
Spiel **Verlauf →**	TR beginnt z.B. zum Thema Tagesablauf Nach dem Aufwachen gähne ich und strecke und recke mich. Sagt es und tut es, alle machen mit. Der Nächste wiederholt das Gähnen und wäscht sich Gesicht, Hände, Arme und Beine. Sagt es und tut es, alle machen von Anfang an mit. Der Dritte wiederholt Gähnen und Waschen, indem er ebenfalls dazu spricht und alle anderen mitmachen, und fügt evtl. hinzu, dass er sich anzieht. Und so weiter, bis eine schöne lange Liste von Tätigkeiten entstanden ist.
Steigerungen/ Variationen ↗	Andere Themen: Hausputz, Festvorbereitung, Turnstunde u.Ä. Wenn die Liste fertig ist bzw. jeder mindestens einen Vorschlag gemacht hat, die Plätze vertauschen. In der neuen Reihenfolge die Liste wiederholen. In der alten Reihenfolge die Liste wiederholen.
Tipps	TR sollte darauf achten, dass die Bewegungen deutlich zu erkennen sind.

5.11 Stuhltanz A

M: Auch als Vorführung geeignet
ca. 20 min

Ziele ⇒	Fantasie, Bewegungsfähigkeiten erweitern Motorik stabilisieren Koordination und Reaktion Soziale Kompetenz, Kommunikation Rhythmik ≈ Konzentration Speichern/Merken
Idee	Sich sitzend nach Musik/Rhythmus in der Gruppe bewegen
Hilfsmittel	Stühle mit Rückenlehne, aber ohne Armstützen, sind am günstigsten. Rollstühle sind auch möglich, dabei gestalten sich die Aufgaben etwas eingeschränkter.
TN-Zahl	Mindestens sechs TN
Vorübung **ASTE**	 Sitzkreis
	Jeder TN setzt sich auf akustisches Zeichen anders hin. Mehrmals wiederholen Falls notwendig Anregungen geben, z.B.: ein Bein nach oben strecken, rückwärts sitzen, schief auf dem Stuhl sitzen. Alle setzen sich so hin wie Frau X oder wie Herr Y. Weitermachen, bis alle TN mindestens einmal Vorbild waren.
Spiel **ASTE**	 Gruppen bilden. Pro Gruppe mindestens drei TN, maximal fünf TN.
Verlauf →	Den Personen Nummern zuordnen, je nach Gruppengröße von eins bis drei, vier oder fünf. TR nennt eine entsprechende Nummer, alle setzen sich so hin, wie die genannte Nummer/Person es gerade tut. Einer der TN übernimmt die Regie.

Fortsetzung nächste Seite

Steigerungen/ Variationen ↗

TR nennt die Nummern im 8er-Rhythmus:

Einer der TN übernimmt die Regie im 4er-Rhythmus.

Einer der TN übernimmt die Regie im 2er-Rhythmus.

Die Nummern werden vom TR in längerer Abfolge von verschiedenen Rhythmen genannt, z.B.: 2-2-4 oder 8-2-2-4 oder 4-2-4-2- ... usw.

Tipps

Dazu in folgender Weise zählen: Zuerst die Nummer der neuen Position, dann rückwärtszählend den Takt angeben (dabei immer mit der zweiten Taktzahl beginnen, um im Rhythmus zu bleiben). Langsam zählen.
Beispiel: Vier –1, und Eins –3-2-1 und Zwei –7-6-5-4-3-2-1 und ...

Diese Zählweise ist normalerweise für Patienten zu schwierig, eine Ausnahme könnten Musiker oder Kollegen bilden. Wenn der Wunsch besteht, ausprobieren.

Andere Aufstellung der Stühle:

```
       0   0                                0
                          oder
   0             0                     0          0
```

Auch mit verschiedenen Blickrichtungen, auf jeden Fall so, dass sich alle TN innerhalb einer Gruppe untereinander sehen können.

Die Gruppen schauen sich gegenseitig zu. Es ist fast wie eine kleine Vorführung.

6 Bewegungsspiele für die Gleichgewichtsgruppe – go’s

6.1 Blinder Bildhauer A

M: Ruhiges Spiel, mit Körperkontakt
ca. 15 min

Ziele ⇒	Wahrnehmungssteigerung: Tasten und Fühlen Körperbewusst werden Soziale Kompetenz Bewegungssicherheit Koordination: Gleichgewicht statisch ∇ Kognition und Fantasie/Kreativität Merkfähigkeit
Idee	Ein schlecht sehender/blinder Künstler möchte eine Statue kopieren. Dazu widmet er sich zunächst dem Original, tastet es ab und überträgt seine Wahrnehmungen auf das Material.
Hilfsmittel	Keine, evtl. Sitzgelegenheiten
TN-Zahl	Mindestens 3 TN
ASTE	In Dreier-Gruppen, evtl. sitzend
Vorübung	TN sollten sich kennen. Andernfalls Kennenlernspiele (wie Datensammlung, 7.1, Ballgirlande, 5.5, Ballchaos, 7.2, Schinkenklopfen, 5.1)
Spiel Verlauf →	TN 1 schließt seine Augen = blinder Bildhauer. TN 2 stellt sich wie eine Statue hin = Original. TN 1 tastet TN 2 ab und versucht TN 3 zur gleichen Statue zu formen = Kopie. Rollenwechsel, bis jeder jede Rolle gespielt hat.
Steigerung ↗	Fließbandarbeit! Nach einem Original mehrere Kopien schaffen.
Tipps	Anregungen geben, z.B. Statuen, die es in der eigenen Stadt, in bestimmten Museen oder in berühmten Orten gibt, oder posieren wie Gartenzwerge/Weihnachtsengel. Als Abschluss eine kleine Ausstellung der Statuen vorschlagen.

Abb. 6.1
Blinder Bildhauer: Körpergefühl

6.2 Bodenkontakte A

M: Bewegungsreich, mit Partner
5–10 min

Ziele ⇒	Kraft Beweglichkeit Motorik stabilisieren Körperbewusst werden Bewegungssicherheit Koordination Gleichgewicht: statisch und dynamisch ∇ Kommunikation und Teamarbeit
Idee	Spielerisch Bodennähe herstellen, durch variierende Anzahl der Bodenkontakte.
Hilfsmittel	Musik ♫, am günstigsten flotte Musik zum Rennen: Galopp, Salsa Evtl. Stühle, Hocker, Bänke, Kissen, Decken und Matten
TN-Zahl	Mindestens 2 TN
ASTE	Freie Aufstellung im Raum
Vorübung	Evtl. Dehnübungen und Aufwärmen durch Kreislaufanregung, z.B. Es geht rund (7.7), Kreislauftraining (7.8) oder Stehaufmännchen (6.3)
Spiel **Verlauf →**	Freies Bewegen zur Musik Bei Musikstopp bleiben alle stehen. TR nennt eine Zahl. Zuerst eine kleine Zahl unter fünf. Demgemäß Kontakte zum Boden herstellen. Nachzählen Wenn die Musik wieder spielt, bewegen sich alle TN. TR nennt beim nächsten Musikstopp irgendeine andere Zahl unter fünf. Weiter wie oben TR nennt eine höhere Zahl über fünf, sodass sich die TN immer mehr dem Boden nähern müssen. Weiter wie oben Langsames Aufrichten! Das Benennen der Zahl an einen TN übergeben.

Steigerung/ Variationen ↗	Paarweise sich jeweils an der Hand fassen. Zu zweit durch den Raum bewegen. Bei Musikstopp stellen beide Partner zusammen die Anzahl der genannten Kontakte her. Hände sollen gefasst bleiben, auch beim Heruntergehen und Aufstehen. Während des Musikstopps: Jeder Körperteil außer den Händen darf Kontakt zum Boden haben! Während des Musikstopps: Jeder Körperteil außer den Füßen darf Kontakt zum Boden haben! Steigern, bis die TN flach auf dem Boden liegen (je größer die Anzahl der Bodenkontakte, desto höher die Chance der Bodennähe).
Tipps	Einen TN, der gerade gerne eine Pause hätte, auffordern die Musik zu spielen und zu stoppen, und einen anderen die Kontakte zählen lassen. Unterschiedliche Flächen zum Laufen und Hinlegen schaffen: Matten, Kissen, Kästen. Als Abschluss die Zahl Eins nennen.

6.3 Stehaufmännchen F

10–15 min

Ziele ⇒	Kraft und Beweglichkeit Funktionsweisen kennen lernen Bewegungsfähigkeit erweitern Motorik stabilisieren Bewegungssicherheit Koordination und Gewandtheit Konzentration
Idee	Spielerisch Bodennähe herstellen! Sich wie ein Stehaufmännchen von oben nach unten bewegen oder immer wieder auf die Beine kommen.
Hilfsmittel	Musik ♫, am günstigsten Märsche und Polonaisen Evtl. Stühle, Hocker, Bänke und Matten
TN-Zahl	Unbegrenzt
ASTE	Freie Aufstellung im Raum
Vorübung	Evtl. Dehnübungen und Aufwärmen durch Kreislaufanregung, z.B. Es geht rund (7.7), Kreislauftraining (7.8)
Spiel **Verlauf →**	8 Zeiten (Z) gehen, 8 Z in den Vierfüßlerstand kommen. 8 Z wieder in den Stand kommen (baut Vertrauen zu Bodennähe auf). 8 Z gehen, 8 Z in den Vierfüßlerstand, 8 Z in den Sitz kommen, in 8 Z wieder aufstehen, 8 Z gehen, 8 Z in den Vierfüßlerstand, 8 Z in den Sitz, 8 Z auf allen Vieren krabbeln, 8 Z wieder aufstehen. Langsames Aufrichten!

Steigerungen/ Variationen ↗	Folgende Bewegungen hinzufügen: Im Vierfüßlerstand 16 Z bleiben, dabei zuerst gleichzeitig re Arm und li Bein heben und senken, dann li Arm und re Bein heben und senken, wieder aufrichten (s.o.). (Übt die Balancierfähigkeit!) Im Vierfüßlerstand 16 Z bleiben, dabei wie vorher zuerst gleichzeitig re Arm und li Bein heben und senken, danach li Arm und re Bein heben und senken, wieder in den Sitz gehen und aufrichten (s.o.). Nächste Tour: nach dem Sitz in halbe (mit Abstützen auf den Unterarmen) oder ganze Rückenlage kommen. Nächste Tour: nach der Rückenlage in die halbe Brücke gehen. (Stärkt die Beckenbodenmuskulatur!) Nächste Tour: in der halben Brücke re Bein hochstrecken und senken, wiederholen mit li Bein. (Übt Koordination, Balancierfähigkeit und Beckenbodenmuskulatur!) Nächste Tour: aus der Rückenlage ganze Drehung um die eigene Längsachse. Sehr langsam aufrichten! Knie zuletzt strecken!
Tipps	Viele Menschen haben Probleme, auf den Boden zu gehen. Hilfreich sind Stühle oder Hocker, um sich beim Heruntergehen und Erheben abzustützen. Evtl. Matten und Kissen auslegen.

6.4 Dreierball F

M: Viel Bewegung, ein bisschen chaotisch
20 min

Ziele ⟹	Koordination und Bewegungsfähigkeiten erweitern: Zielen, Werfen, Fangen Motorik stabilisieren: gehen, laufen und sich wenden Materialien begreifen: Ballspielen Wahrnehmungssteigerung: Hören, Sehen Raumorientierung Soziale Kompetenz: rufen, gerufen werden Kognition und Konzentration Kondition Schnelligkeit/Reaktion
Idee	Ballspielenderweise mit anderen Personen durch Zuruf kommunizieren. Unter Beibehaltung weniger Regeln äußere Form (Kreis) auflösen und sich frei bewegen und spielen. Zu Anfang geht es sehr geordnet zu. Drei TN bilden eine spielende Einheit, die beibehalten wird.
Hilfsmittel	Bälle, die man gefahrlos werfen kann, in verschiedenen Größen und Materialien: z.B. Softbälle ♫ Bei der Vorübung zur Unterstützung Cha-Cha-Cha-Rhythmen
TN-Zahl	Mindestens sechs TN (sollten sich namentlich kennen, ansonsten als Vorübung Kennenlernspiele)
Vorübungen **ASTE**	 Frei im Raum
	Kennenlernspiel (falls notwendig): z.B. Datensammlung (7.1), Ballgirlande (5.5) Jeder TN erhält zunächst je einen Ball, um sich damit vertraut zu machen: Ball im Stand und in Bewegung (beim Gehen und Laufen) nach oben, nach vorne werfen, auf den Boden prellen. Zu zweit sich einen/zwei Bälle gleichzeitig im Stand/in Bewegung mit variierendem Abstand zuwerfen. Immer wieder Partnerwechsel, z.B. nach jeder zweiten Übung. Die Partner verringern den Abstand während des Zuspiels, vergrößern ihn wieder, bewegen sich spiegelgleich seitlich nach re und li. Den Ball werfen oder prellen.

	Richtungswechsel zunächst auf Zuruf des TR. Richtungswechsel auf Zuruf eines Partners – je nach Absprache. Rollenwechsel. Frei miteinander spielen, wie es gefällt: Bälle werfen und fangen, dabei Abstände und Richtungen variieren.
Spiel **ASTE**	Kreis, Aufstellung mit großen Abständen
Vorspiel	Je nach TN Zahl zuerst einen Ball, dann immer mehr Bälle in eine Richtung wandern lassen, indem jeder TN seinem Nachbarn den Ball bringt, sich evtl. noch namentlich vorstellt oder den anderen mit seinem Namen anspricht (so viele Bälle, dass alle TN in Bewegung bleiben, aber so wenige, dass kein Stau entsteht). Richtungswechsel auf akustisches Zeichen (Rufen, Klatschen). Wie oben, aber TN bleiben auf ihrem Platz und werfen den Ball dem Partner zu. Wie oben mit Richtungswechsel. Andere Kreisaufstellung: und noch mal von vorne anfangen (übt Kennenlernen, Reaktion und Werfen und Fangen).
Steigerung des Vorspiels ↗	Alle TN gehen auf der Kreisbahn in eine Richtung, den Ball (die Bälle) unabhängig davon in die gleiche oder Gegenrichtung wandern/werfen lassen. Auf akustisches Zeichen Lauf- oder Wurfrichtung wechseln. Den Fänger immer mit Namen rufen: Hey oder Hallo gilt nicht! Rufen, schauen, werfen! Sobald das Vorspiel klappt, eine Wurf- und Laufrichtung beibehalten, z.B. den Ball immer vom re Nachbarn annehmen und dem li Nachbarn zuwerfen.
Verlauf → = nächste Steigerung ↗	Die Kreisformation allmählich auflösen. Alle gehen im ganzen Raum durcheinander und werfen sich weiterhin die Bälle in der vorherigen Reihenfolge zu. Jeder nimmt den Ball also nur von dem vorherigen re Nachbarn an und gibt ihn weiter zu dem ehemals li Kreis-Nachbarn, ganz gleich, wo er sich gerade im Raum befindet. Den Mitspieler suchen und laut mit Namen rufen. Den Ball nach erfolgtem Augenkontakt zuwerfen!

Fortsetzung nächste Seite

	Mit Tempoerhöhung bis zum Laufen kommen. Auch wer keinen Ball in der Hand hat, bewegt sich! Raschere Bewegungen bis zum Rennen (wer kann). Noch mehr Bälle ins Spiel bringen (bis das Durcheinander perfekt ist).
Tipps	Häufiger Partnerwechsel am Anfang ist wichtig, damit sich jeder darin übt, auf unterschiedlich geschickte Personen einzugehen. Je unterschiedlicher die Bälle in Größe und Material, desto reizvoller. Pezzibälle und Medizinbälle sind zu groß. Auch mit unterschiedlichen Wurfgegenständen wie Luftballons/Sandsäcken/Kissen probieren. Eine Gruppe von sechs TN kann einen sitzenden TN (Rollstuhl o.Ä.) ausgleichen. Rufen und Gerufenwerden steigern Selbstwert- und Selbstwirksamkeitsgefühl.

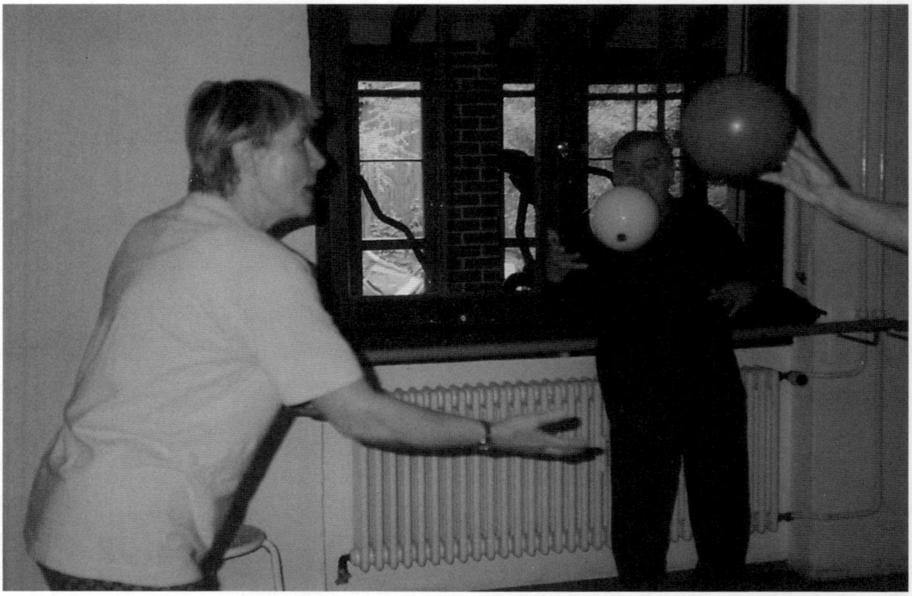

Abb. 6.2 Dreierball: Koordinations- und Bewegungssicherheit

6.5 Museumsnacht A–F
oder Einfrieren

M: Ruhiges Spiel
5–10 min

Ziele ⇒	Bewegungssicherheit Erweiterung der Bewegungsfähigkeiten Koordination Kreativität und Konzentration Motorik stabilisieren Propriozeption/Gleichgewicht ∇ Reaktion Soziale Kompetenz Wahrnehmungssteigerung: Tasten und Fühlen
Idee	Anlässlich einer kalten Museumsnacht machen wir einen Bummel durch Ausstellungen mit Skulpturen und Statuen. Neugierig untersuchen wir Stabilität/Echtheit/Materie der Kunstwerke durch Berührungen oder Antippen.
TN-Zahl	Mindestens vier TN, bzw. zwei gleich große Gruppen A (Besucher) und B (Statuen)
Hilfsmittel	Evtl. Sitzgelegenheiten Hindernisse: Stühle, Bänke ♫ Gehrhythmus (Polonaise o.Ä.) oder Hintergrundmusik, sehr leise gespielt (z.B. Bilder einer Ausstellung von Mussorgski)
ASTE	Frei im Raum
Spiel Verlauf →	Gruppe teilen in A und B, Rollen festlegen: Wer ist Besucher, wer ist Statue. Beide Gruppen bewegen sich zunächst, wie sie wollen, frei im Raum zu Musik oder Klatschrhythmus. Bei Musikstopp oder anderem akustischen Zeichen frieren die TN der Statuen-Gruppe (B) aus der freien Bewegung plötzlich zu festen Figuren ein. Die TN der Besucher-Gruppe (A) untersuchen die Kunstwerke, indem sie versuchen, die fest gewordenen Figuren aus dem Gleichgewicht zu bringen. Sie berühren den Einzelnen zunächst sanft, dann etwas stärker und drücken/schieben/schubsen mit einer oder beiden Händen. Statuen halten dagegen, um nicht umzufallen. Wenn die Musik wieder spielt oder ein Rhythmus ertönt, werden wieder alle TN zu Besuchern und bewegen sich weiter. Beim nächsten Musikstopp wechseln die Gruppen ihre Rollen.

Fortsetzung nächste Seite

Steigerung/ Variationen ↗	Positionen bzw. Stellungen vorgeben, z.B.: Wir sind in einem antiken Museum, es gibt dort nur einbeinige Statuen! Wir sind in einem Naturkundemuseum, dort gibt es fast nur Vierbeiner und Kriechtiere! Alle Statuen sind umgefallen und liegen am Boden. Für alle TN während des Bewegens bestimmte Gangarten vorgeben: Sich groß und lang machen! Ganz klein werden! Schlapp sein vom vielen Laufen und Schauen! Schnell sein, das Museum schließt! Achtung Baustelle! TR verteilt während des freien Bewegens im Raum Hindernisse, die überquert werden sollen: Wir sind bei den Archäologen und kriechen durch Gänge, enge Türen oder tiefe Durchgänge. Es können auch Zweier- und Dreier-Statuen gebaut werden. Wie wäre es mit der Laokoon-Gruppe?
Tipps	Das akustische Zeichen muss deutlich sein, evtl. unterstützen, indem der TR beide Hände gut sichtbar und hörbar über dem Kopf zusammenklatscht, oder Klanginstrument. Das Einfrieren sollte möglichst spontan, ohne große Überlegungen geschehen, dann macht es mehr Vergnügen. Laut und deutlich angeben, welche Gruppe welche Rolle spielt.

6.6 Navigator A–F
oder Blinde Kuh

M: Sehr ruhig
10–20 min

Ziele ⟹	Bewegungssicherheit und Gewandtheit Motorik stabilisieren Wahrnehmungssteigerung: Hören, Fühlen Soziale Kompetenz: helfen und Hilfe annehmen, Austausch, führen und loslassen Vertrauen aufbauen und Selbstsicherheit gewinnen Koordination: Gleichgewicht, dynamisch und statisch ∇ Reaktion Kognition: Konzentration und Gedächtnis
Ideen	Trotz Wegnahme visueller Orientierung sicheres Bewegen lernen. Stromausfall. Es ist dunkel oder dichter Nebel, schlechte bis gar keine Sicht. TN A (Seher = A wie Aufpasser) hat sehr gute Brille auf, kann demzufolge alles erkennen. TN B (B wie Blinder) sieht leider gar nichts. Deshalb unterstützt TN A den TN B, damit er sich sicher fortbewegen kann. Der Aufpasser trägt zunächst die Verantwortung, lässt die Leine immer länger werden – und zum Schluss ganz los.
TN-Zahl	Mindestens 4 TN, paarweise zusammen
Hilfsmittel	Hindernisse: Kisten, Decken, Klamotten, Matten, alle möglichen Sportgeräte. ♫ Evtl. Musik
ASTE	Frei im Raum
Spiel **Verlauf →**	Rollen festlegen: Wer führt wen? Nach jeder neuen Aufgabe Rollenwechsel! TN A führt TN B, B hat seine Augen geschlossen. A führt B mit Hand oder Unterarmkontakt durch den Raum in alle Richtungen. TN A führt TN B mit offenen Augen, mit Ansage, wo es hingehen soll, aber ohne Kontakt durch den Raum. TN A passt auf TN B auf, der blind durch den Raum geht. TN B erzählt dabei, was er gerade tut.

Fortsetzung nächste Seite

Steigerung/ Variationen ↗	Kleinere Gegenstände als Hindernisse (Kästen, Stühle, Matten, Schuhe usw.) in den Raum stellen. Außen herum gehen. Darüber gehen, wenn möglich. Mit den Händen fühlen und raten, was es ist. Gegenstände ausprobieren, am liebsten zweckentfremdet.
Tipps	Bei Unsicherheit des Blinden: TN A fixiert TN B am besten um die Taille. TN A geht leicht versetzt vor TN B. TN B legt dabei seine Hand auf die Schulter von TN A. (Beim ersten Mal ist das Spiel u.U. anstrengend, da ungewohnt. Das ändert sich. Später findet es bei den meisten TN vergnügte Zustimmung.) Häufiger Partnerwechsel und Rollenwechsel.

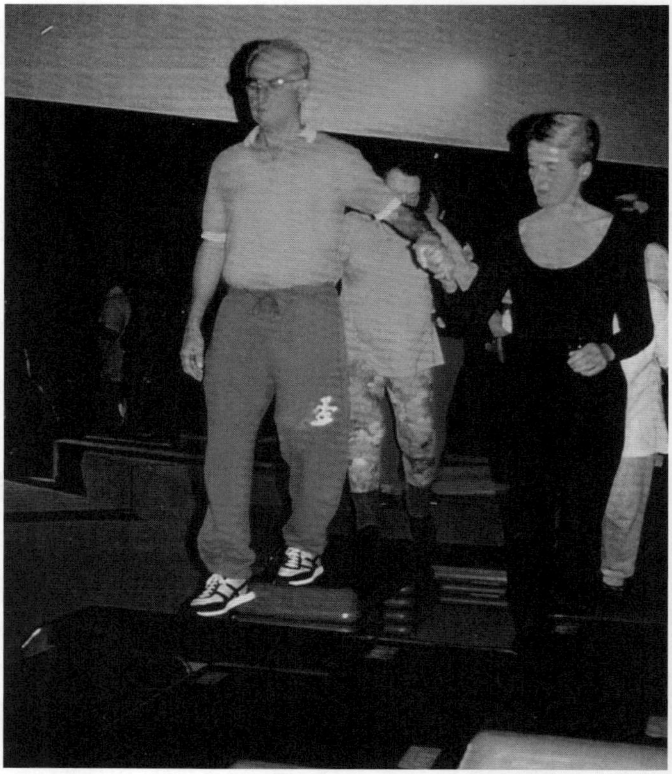

Abb. 6.3
Navigator: Wahrnehmungssteigerung, Reaktion und Koordination

6.7 Nummerngehen A–F

M: Mehrdimensionale Raumorientierung
ca. 10 min

Ziele ⇒	Kognition Koordination Raumorientierung Reaktion Selbstwirksamkeit Soziale Kompetenz: Anpassen Wahrnehmung: Hören			
Idee	Raumorientierung schulen Auf nummerierten Raumwegen gehen: alleine, zu zweit, in der Gruppe, in verschiedenen Gangarten. Oder: die Puppen tanzen lassen!			
TN-Zahl	Mindestens vier TN			
Hilfsmittel	♫ Musik: Tango- oder Marschrhythmen			
Vorbereitung	Raumlinien festlegen: Diagonalen A–C, B–D und Parallelen zur Türseite, zur Fensterseite.			
	1 = ← →	2 = ↑ ↓	3 = A ↖ ↘ C	4 = B ↗ ↙ D
ASTE	Frei im Raum			
Spiel **Verlauf →**	TR nennt zuerst zwei Möglichkeiten im Wechsel: Chaos und Raumlinie (RL) 1, TN bewegen sich entsprechend. Wenn das klappt, die 2. RL dazu, dann erst die 3. RL Durcheinander gehen im Raum. Jeder wie er will, nur nicht im Kreis! Kurze oder lange Strecken mit halber Drehung (= Geh-Richtungswechsel). Immer vorwärts, nie rückwärts gehen (Unfallgefahr)!			

Fortsetzung nächste Seite

Hinweise zum Nummern-gehen	1 = ←→ auf allen Parallelen zur Fensterseite. 2 = ↑↓ auf allen Parallelen zur Türseite. 3 = auf allen Parallelen der Verbindung zwischen Ecke A und C ↖ A C ↘ 4 = auf allen Parallelen der Verbindung zwischen den Ecken B ↗ und ↙ D
Steigerungen/ Variationen ↗	Schattenlaufen: paarweise hintereinander = mit Schatten, bis Vordermann/-frau sich um 180° dreht und Schattenrolle wechselt = Richtungswechsel. Dem Schatten nicht in die Augen schauen! Schattenlaufen klappt nur bei 1, 2, 3, 4. 5. RL = Kreis, rechte Schulter innen 6. RL = Kreis, linke Schulter innen Überholen erlaubt! (Das ist wichtig, damit die Langsameren sich nicht als Störfaktor fühlen, und - damit die Schnelleren auch auf ihre Kosten kommen.) 7. RL = Schlange/Kette (Schlangenkopf nennen: Herr/Frau XYZ) Andere Gangarten/Dimensionen anbieten: Sich ganz klein machen! Ganz lang machen! Normal gehen!

Abb. 6.4
Nummerngehen: Kognition, Reaktion üben durch sich ändernde Richtungsvorgaben

6.8 Rempeln A

M: Viel Bewegung, mit Vergnügen ☺ und Körperkontakt
ca. 10 min

Ziele ⟹	Motorik stabilisieren Koordination Gleichgewicht halten ∇ Reaktion 🕑 Gewandtheit Raumorientierung ⟲
Idee	Bewegen mit und ohne Bodycheck in dichter Menschenmenge
TN-Zahl	Mindestens zehn TN
Hilfsmittel ✎	♫ Musik: schneller Gehrhythmus (Polka, Polonaise, Marsch- oder Wandermusik)
ASTE	Frei im Raum
Spiel **Verlauf →**	Ganze Gruppe bewegt sich auf immer enger werdendem Raum. Je nach Aufforderung mit oder ohne Körperkontakt/Bodycheck zu den anderen (= Rempeln). Alle gehen im ganzen Raum. TR muss evtl. als Verkehrsschutzmann fungieren. Nur noch in einer Hälfte des Raums. Nur noch in einem Viertel des Raums. Je nach Raumgröße weitere Einschränkungen (ein Achtel/Sechzehntel) vornehmen, bis die ganze Gruppe sich nur noch dicht an dicht bewegen kann. Ein TN wird Schutzmann, der die Verkehrsdichte regelt. In den verschiedenen Raumdichten jeweils auf Zuruf des Übungsleiters oder eines TN: Mit Rempeln! Ohne Rempeln!

Steigerungen/ Variationen ↗	Sich lang machen beim Gehen. Sich klein machen. Sich ganz klein machen, bis man mit den Händen auf den Boden kommt. Auf akustisches Zeichen des TR, z.B. einmal klatschen: halbe Drehung, zweimal klatschen: ganze Drehung. Trotzdem alle anderen Spielregeln beibehalten.
Tipps	Kommando an TN übergeben. Wenn TR mitmacht, wird's noch knuffiger.

6.9 Schlangenmassage A

M: Ruhiges Spiel
ca. 2–5 min

Ziele ⟹	Sensibilität Feinmotorik Konzentration Körperbewusstsein Kreativität Soziale Kompetenz
Idee	Selbsterlebtes weitergeben
TN-Zahl	Mindestens vier TN
Hilfsmittel	Sitzgelegenheiten ohne Lehne: Hocker, Bänke etc. ♫ Evtl. Kuschelmusik
ASTE	Hintereinander in einer Schlange
Spiel Verlauf →	Letzter der Schlange, anfangs TR, führt auf dem Rücken von Vordermann/-frau fortlaufend Massagebewegungen durch, die sich ändern sollen, aber nicht zu hastig. Es entsteht eine Schlangenbewegung. Jeweiliger Vordermann/-frau gibt weiter, was er/sie fühlt. Schlangenschwanz auswechseln, bis nach Möglichkeit jeder TN einmal dran war.
Steigerungen/ Variationen ↗	Schlangenschwanz, anfangs TR, verrät das Rezept, wie man eine Riesen-Pizza backt und spricht dazu: Teig kneten = Rücken kräftig massieren, von der Taille bis zu den Schultern und Oberarmen. Teig glatt streichen und flach drücken = den ganzen Rücken mit der flachen Hand ausstreichen und behutsam abklopfen (Wirbelsäule auslassen). Den Teigrand (Oberarme und Po) nicht vergessen! Mit beiden Händen gleichmäßig arbeiten! Großzügig Salami- und Tomatenscheiben darauf legen = Klopfmassage mit der flachen Hand über ganzen Rücken, Schulterblätter und Oberarme. Jetzt fehlen nur noch Gewürze, Kräuter und Parmesankäse = mit den Fingerspitzen Krabbelbewegungen durchführen, einen klitzekleinen Stups geben.

Variation ↗ **Gleiche Aufgabe, anderes Thema**	Wetterbericht Letzter TN gibt Wetterprognosen ab: Regen, Wind, Sonnenschein, Sturm, Schauer, Hagel etc. und führt die entsprechenden Hand- und Massagebewegungen auf dem Rücken von Vordermann/-frau durch. Weitergeben bis zum Schlangenkopf. Es gibt sicherlich noch viel andere Themen. Ausprobieren!
Tipps	Darauf achten, dass die Reihenfolge der Weitergabe von hinten nach vorne beibehalten wird. Das unterstützt die Fantasie der TN und erhöht die Spannung. Falls mehrere Variationen durchgespielt werden, kurze Pausen lassen, um Überreizung zu verhindern. Darauf achten, dass immer beide Hände gleichzeitig und symmetrisch (soweit es geht) eingesetzt werden. Netter Abschluss: In der Taille kitzeln bis alle lachen ☺☺!

Abb. 6.5 Schlangenmassage: Feinmotorik, Konzentration

6.10 Balancierkreis A

M: Ruhig, braucht wenig Raum
ca. 5–10 min

Ziele ⇒	Standfestigkeit Selbstwirksamkeit Gleichgewicht ∇ Soziale Kompetenz
Idee	Auf einem Bein stehen. Art und Dauer steuern die TN.
TN-Zahl	Mindestens sechs TN
Hilfsmittel	♬ Evtl. Musik: schwingender Rhythmus
ASTE	Kreis, Handfassung
Spiel **Verlauf →**	Re Bein vor- und zurückschwingen! Wechsel, anderes Bein! Wieder Wechsel usw. Kommandoübergabe an TN weitergeben. Der Reihe nach ist jeder mit mindestens einer Aufgabe dran.
Steigerungen/ **Variationen ↗**	Bei jeder neuen Variation sollte zunächst TR anfangen. Bein vor- und zurückschwingen: Stopp! Keiner bewegt sich! Nach einer Weile weiterschwingen oder Beinwechsel und weiterschwingen! Kommandoweitergabe an TN Während des Stopps Standbein beugen und strecken Handhaltungen variieren (s.u.) ☺ Nach gleichem System wie oben durchführen

Tipps

Handhaltungen zwischendurch extra üben, ohne Beinbewegung: fest, locker, Fingerspitzen, nur eine Fingerspitze, ganz loslassen.

Falls es zu anstrengend wird, Pausenvorschlag (wird dankbar angenommen): Irgendein TN, dem es gerade zuviel wird, ruft „Pause“: auf beiden Beinen stehen bleiben, bis der TN, der gerade das Kommando hat, „weiter“ sagt.

Abb. 6.6
Balancierkreis: Gleichgewicht

6.11 Platz-/Ortswechsel A

5–20 min

Ziele ⇒	Wahrnehmungssteigerung: Hören, Sehen, Orientierung Soziale Kompetenz Koordination: Reaktion, Timing Konzentration Gedächtnis Raumorientierung
Idee	Immer wieder die Plätze/Orte wechseln und zurückkommen.
TN Zahl	Mindestens vier TN
Hilfsmittel	Stühle oder Hocker
ASTE	Sitzkreis
Vorübung	Aufstehen und Hinsetzen üben, rückengerecht und mit bewusster Atemführung: beim Einatmen hinsetzen – beim Ausatmen aufstehen – beim Einatmen stehen – beim Ausatmen hinsetzen.
Spiel Verlauf →	Aktuelle Platzverteilung ist Position **EINS.** Alle stehen auf und suchen sich einen neuen Platz im Kreis = Position **ZWEI.** Wieder zurück nach **EINS.** Alle stehen auf und suchen sich noch einen anderen Platz im Kreis = Position **DREI.** Wieder zurück zu **EINS, ZWEI.** Eine Position **VIER** suchen. Zuerst nennt der TR die Positionen von **EINS** bis **VIER** im beliebigen Wechsel. Dann Kommandoübergabe an die TN.
Steigerungen/ Variationen ↗	Wenn es klappt, noch eine Position dazunehmen: **FÜNF.** Erst wenn dies gelingt, die **SECHS** dazu usw. ... Das Spiel ausdehnen: Positionen außerhalb des Kreises suchen.

Die nächste neue Position ist irgendwo auf dem Boden.

Eine weitere Position überall, nur nicht auf dem Boden.

Kann u.U. bis zu **ZEHN** gesteigert werden.

Zeitfaktor dazunehmen:
In 8 Z wechseln wir auf die Position **ZWEI**.
In 4 Z auf die **FÜNF**, in 2 Z auf ... usw.
Oder:
Erst nach 16 Z auf Position **ZWEI** sitzen (= ganz langsam bewegen).

Kommandoübergabe an TN.

Tipps

Wenn es Probleme mit dem Zuordnen gibt, öfter bei **EINS** anfangen.
Die TN können sich dann leichter erinnern.

Oder jeder zeigt mit der Hand auf seine entsprechende Position.

Bei Zeitvorgabe klatschen und/oder laut mitzählen.

Wenn es gelingt, die TN alleine zählen zu lassen, sollte TR allerdings selbst leise mitzählen und den Schluss durch Klatschen oder ähnliches Zeichen anzeigen.

6.12 Platz machen A

M: Eisbrecher
5–20 min

Ziele ⇒	Wahrnehmungssteigerung: Hören, Sehen Orientierung Soziale Kompetenz Konzentration Gedächtnis
Idee	Es fehlen Stühle, es fehlen mir die Namen: Aber ich will sitzen und die Leute kennen lernen. Was tun? Auf jemanden zugehen! Ihn begrüßen! Sich vorstellen – und ihn nett und freundlich bitten, aufzustehen, um Platz zu machen!
TN-Zahl	Mindestens fünf TN
Hilfsmittel	Stühle oder Hocker
ASTE	Sitzkreis
Vorübung	Aufstehen und Hinsetzen üben, rückengerecht und mit bewusster Atemführung: beim Einatmen hinsetzen – beim Ausatmen aufstehen – beim Einatmen stehen – beim Ausatmen hinsetzen.
Spiel Verlauf →	TR steht auf, dreht seinen Stuhl um, sodass man sich nicht mehr darauf setzen kann. Geht zu einem TN und begrüßt ihn mit Handschlag und „Guten Tag", stellt sich selbst vor und bittet den TN höflichst, aufzustehen und sich auf die gleiche Weise einen neuen Platz zu suchen – jetzt fehlt ein Stuhl. TR steht wieder auf, dreht wieder seinen Stuhl um und geht auf den nächsten TN zu, begrüßt ihn mit Handschlag und „Guten Tag", stellt sich wieder selbst vor und bittet auch diesen TN höflichst, aufzustehen und sich auf die gleiche Weise einen neuen Platz zu suchen – jetzt fehlen zwei Stühle. Und so weiter verfahren, bis fast alle TN unterwegs sind.
Variationen/ Ende ↗	TR bringt einen Stuhl nach dem anderen wieder ins Spiel, bis alle wieder einen Sitzplatz haben.
Tipps	Ergibt ein herrliches Kuddelmuddel. Die TN lernen sich auf diese Art und Weise in netter Form kennen. Es entsteht eine fröhliche Atmosphäre! ☺☺ Motivation: Jeder will sitzen, keiner will stehen!

6.13 Kreisbewegung F

M: Körperkontakt
5–20 min

Ziele ⟹	Wahrnehmungssteigerung: Atmung fühlen Konzentration Soziale Kompetenz Raumorientierung Kraft
Idee	Wir stehen im Kreis und machen gemeinsam Druck.
TN-Zahl	Mindestens sechs TN, gerade Zahl
Hilfsmittel	Keine; ♫ evtl. Musik (Vollenweider, Kuschelrock, Adagios)
Vorübung **ASTE**	 Je nach Vorübung: zu zweit gegenüber sitzend oder Kreis mit Handfassung.
	Drückeberger (5.2), Druckkreis (5.3) Evtl. noch mal gesondert Atemübungen mit betont langsamer und fließender Ausatmung nach Möglichkeit durch die Nase.
Spiel **ASTE**	 Kreis mit Handfassung Durchzählen: 1 – 2 – 1 – 2 – 1 ...
Verlauf →	Gemeinsames Ein- und Ausatmen, beim fließenden Ausatmen drücken alle EINSER ihre Hände nach unten, ziehen alle ZWEIER die Hände nach oben. Umkehrung: Alle EINSER ziehen ihre Hände nach oben und alle ZWEIER drücken sie nach unten.
ASTE für Steigerung	Mit den Füßen fest stehen bleiben, bei angespannter Gesäßmuskulatur und aufrechtem Rumpf, fast wie ein Brett.

Fortsetzung nächste Seite

Steigerungen/ Variationen ↗	Beim Ausatmen gehen alle ZWEIER mit angespanntem und gestrecktem Körper nach vorne und alle EINSER nach hinten, beim Einatmen zurück ins Lot und beim nächsten Ausatmen umgekehrt. Es entsteht eine Wiegebewegung im Kreis! Das Gleiche unter Anleitung bei geschlossenen Augen üben. Ohne Vorgaben von außen, nur auf die eigene Atmung und die der anderen TN achten. Beim ersten Versuch den Ablauf noch mal vorher erklären: Augen schließen. Einatmen: alle TN stehen im Lot. Ausatmen gleichzeitig wiegen sich alle ZWEIER nach vorne und alle EINSER nach hinten. Einatmen: alle kommen wieder ins Lot. Beim Ausatmen jeweils in die Gegenrichtung gehen.
Tipps	Eine sehr schöne Vertrauensübung. Fördert die Kooperation. Auf Spannung in der Körpermitte achten. Manche tendieren dazu, sich nach vorwärts und rückwärts nur zu neigen, statt mit dem ganzen Rumpf mitzugehen – das verliert sich im Laufe des Spiels gleichzeitig mit dem Angstabbau und dem sich entwickelnden Körpergefühl.

6.14 Durchtasten A
oder Who is who?

M: Aufwärmübung für Personen, die sich schon kennen, ruhiges Spiel 5–20 min

Ziele ⟹	Wahrnehmungssteigerung: Atmung fühlen, Tastsinn Konzentration, Gedächtnis Soziale Kompetenz Raumorientierung Personen merken
Idee	Es ist dunkel; wir gehen in die Mitte eines Raumes und tasten uns durch; unterwegs treffen wir Leute, wir erkennen sie an ihrer Stimme, Kleidung, Größe, Haarfrisur.
TN-Zahl	Mindestens vier TN
Hilfsmittel	♫ Evtl. „Schmusemusik“ (wie 6.13)
ASTE	Kreis, weit auseinander stehend
Vorübung	Bei geschlossenen Augen die eigene Atmung wahrnehmen. Beim Einatmen die Arme heben, beim Ausatmen die Arme senken. Augen wieder öffnen. Während des Ausatmens Schritte am Platz durchführen, während des Einatmens Füße nicht bewegen. Gleichzeitig Arme und Füße bewegen: Einatmen = Arme hoch und stehen, Ausatmen = Arme senken und Füße bewegen.
Spiel **ASTE**	 Kreis wie oben, geschlossene Augen
Verlauf →	Einatmen: Arme heben, Ausatmen: Arme senken und vorwärts gehen, Einatmen: stehen und Arme heben, Ausatmen: Arme senken und gehen. Ansage des TR: Die Arme sind wie Fühler. Wenn wir unterwegs jemanden treffen, raten wir, wer es ist (Augen bleiben geschlossen), und tasten uns danach weiter durch, bis wir möglichst viele Personen erraten/begriffen haben.

Fortsetzung nächste Seite

Steigerungen/ Variationen ↗	In der Mitte angekommen, versuchen alle, weiterhin bei geschlossenen Augen, sich wie die Orgelpfeifen hinzustellen.
Tipps	Eine sehr schöne Vertrauensübung. Fördert die Kooperation. (Nur mit Gruppen spielen, die sich untereinander kennen.)

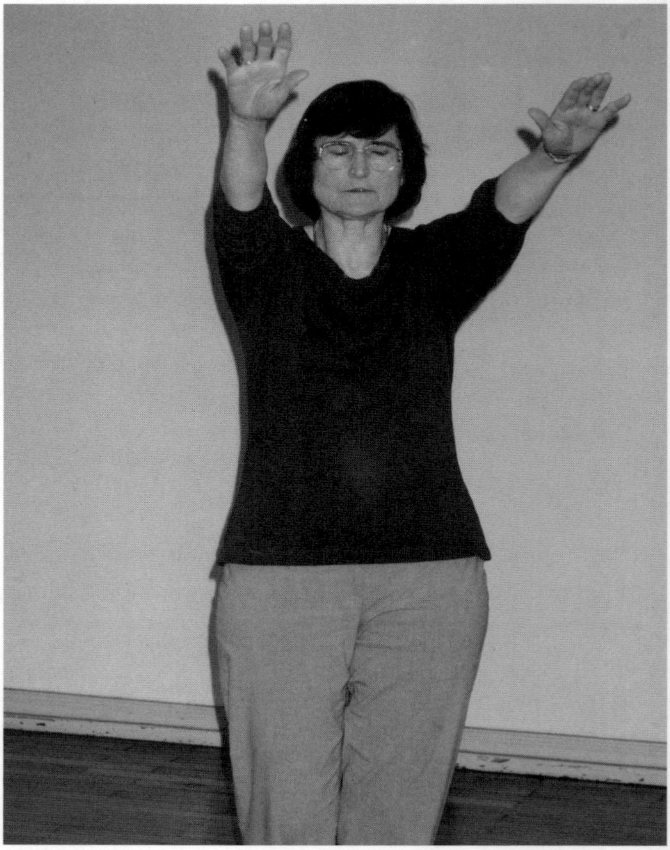

Abb. 6.7
Durchtasten: Konzentration, Wahrnehmungssteigerung

7 Bewegungsspiele für die Sportgruppe – go go's

7.1 Datensammlung A
oder Umzugsspiel

M: Eisbrecher, GriBs
ca. 15–20 min

Ziele ⟹	Sich gegenseitig kennen lernen Kognition: Erinnern und Zuordnen Bewegungssicherheit Soziale Kompetenz
Idee	TN lernen sich kennen, indem sie miteinander reden. Sie sammeln zusehends mehr Daten voneinander, während der Umzüge von Ort zu Ort (Stuhl zu Stuhl), wobei sie immer wieder neue Nachbarn bekommen.
TN-Zahl	Mindestens sechs TN
Hilfsmittel	Einzelne Stühle oder Hocker ♫ Musik: Gehrhythmus 60–80 bpm (beats per minute/Schlagzahl pro Minute)
ASTE	(Sitz-)Kreis
Spiel **Verlauf →**	TN sitzen im Kreis und stellen sich ihrem re und li Nachbarn jeweils mit Nachnamen vor. Musik läuft, TN bewegen sich durch den Raum. Musikstopp: Jeder TN sucht sich einen neuen Platz im Kreis, tauscht mit den neuen Nachbarn die Nachnamen aus und berichtet, neben wem er vorher saß/ wo er vorher wohnte.
Steigerungen/ Variationen ↗	Vornamen und Nachnamen nennen Vornamen, Nachnamen und Beruf nennen Vorname, Nachname, Beruf, Wohnort und Straße nennen Frage: Was haben Sie gestern gegessen? Lieblingsgericht? Frage: Gefällt Dir/Ihnen das Unterrichtsprogramm? Frage: Haben Sie eine Lieblingssportart? Viele andere Fragen, deren Beantwortung zum besseren Kennenlernen dienen.

	Am Schluss der Runde fragt zunächst der Kursleiter detailliert: „Weiß jemand, wie die Dame in der gelben Bluse heißt?" „Wo wohnt die Dame/der Herr?" usw. Oder pauschal: „Was wisst Ihr/wissen Sie über den Herrn, der neben mir/da drüben sitzt?" Derjenige TN, über den gesprochen wird, bestätigt die Antworten und berichtigt sie gegebenenfalls, fragt die anderen in o.g. Weise weiter nach einem TN, über den er mehr erfahren möchte und so weiter, bis über jeden TN gesprochen wurde.
Tipps	Gutes Spiel zum Kennenlernen = Eisbrecher Drei bis vier Runden sind genug. Günstig, um bestimmte Themen einzuleiten: Ausflugsziel, Gefallen am Unterricht, wann planen wir das nächste Fest?

7.2 Ballchaos A

M: Turbulentes Spiel
10–20 min

Ziele ⇒	Soziale Kompetenz und gegenseitiges Kennenlernen/Merken Körpersprache Konzentration Raumorientierung Wahrnehmung von Personen und Reihenfolge, Gedächtnis Koordination: Fangen, Werfen, Timing, Zielen und Treffen Kondition Reaktion
Idee	Mit mehreren Bällen und Personen gleichzeitig spielen, dabei gehen oder laufen
TN-Zahl	Mindestens sechs TN
Hilfsmittel	Verschiedenfarbige Gymnastikbälle: z.B. rot, gelb und blau Ein Pezziball: z.B. grün Evtl. Stühle
ASTE	Kreis, evtl. sitzend
Vorübung	Ein Ball wird kreuz und quer im Kreis geworfen. Der Fänger nennt dabei seinen Namen. Der Fänger wird vom Werfer gerufen: Erst rufen, Reaktion abwarten, dann werfen! Weitermachen, bis jeder mehrmals daran war, und die Namen einigermaßen präsent sind. Plätze tauschen und wiederholen.
Spiel **Verlauf →**	Ein Ball wird auf der Kreisbahn nach rechts geworfen. Auf Kommando oder akustisches Zeichen Richtung wechseln, nach links werfen. Dasselbe wiederholen, dabei aber auf der Kreisbahn gehen, linke Schulter innen, auf Kommando rechte Schulter innen. Kommando kann auch von TN gegeben werden.

Steigerung/ Variationen ↗	Zwei Bälle werden auf der Kreisbahn weitergegeben. Jetzt wird die Farbe wichtig: der rote nach rechts, der gelbe nach links. Dabei in wechselnden Kreisrichtungen laufen, gemäß den Kommandos. Drei Bälle sind im Spiel. Der blaue Ball wird kreuz und quer im Kreis geworfen wie bei der Vorübung. Dabei den Namen des anvisierten Fängers rufen. Erst rufen, Reaktion abwarten, dann werfen!
Vorübung zur nächsten Steigerung	Zuerst sitzend den Pezziball sich gegenseitig zurollen und/oder -kicken, dann stehend im Kreis den Pezziball zuspielen, dann laufend auf der Kreisbahn mit Richtungswechsel.
Steigerung ↗	Vier Bälle werden eingesetzt: Der grüne Pezziball wird gekickt oder gerollt und darf den Kreis nicht verlassen. Die anderen drei Bälle werden schrittweise dazugenommen, bis mit allen vier Bällen in allen o.g. Variationen gespielt wird.
Tipps	Kleine Gedächtnishilfe durch Assoziationen: ▷ Blau fliegt durch die blaue Luft ▷ **R**ot wandert nach **r**echts ▷ Ge**l**b nach **l**inks ▷ Grün rollt über das grüne Gras. (Sich strikt an den beschriebenen Ablauf halten: nur jeweils eine einzige neue Aufgabe stellen – üben – erst wenn's klappt, die nächste Aufgabe dazunehmen. Sonst geht alles früher als geplant durcheinander.)

7.3 Bewegungslotto A

sportlichere Variante

M: GriBs
ca. 10–20 min

Ziele ⇒	Kognition: Gedächtnis und Zuordnen (Rechnen) Konzentration Fantasie Bewegungsfähigkeiten erweitern Motorik stabilisieren: hinsetzen, aufstehen, laufen Koordination und Reaktion Soziale Kompetenz: Kommunikation
Idee	Den Ziffern EINS bis ZEHN bzw. NULL werden verschiedene Bewegungen zugeordnet, die entsprechend den folgenden Aufgaben abgerufen und durchgeführt werden. Mit den Zahlen wird bewegungsmäßig gerechnet und gespielt.
TN-Zahl	Mindestens vier TN
Hilfsmittel	Stühle Ein oder zwei Schaumgummiwürfel
ASTE	Sitzkreis auf Hocker
Vorübung	TR macht eine Bewegung vor, alle anderen machen sie nach; ausprobieren, was für alle machbar ist.
Spiel **Verlauf →**	Beispiel der sportlichen Variante mit viel Bewegung: TR nennt die Zahl EINS, steht auf und setzt sich wieder hin. Gruppe macht die Bewegung nach bzw. mit. Dann die Zahl ZWEI, z.B. TR steht auf und setzt sich auf den Nachbarstuhl rechts im Kreis. Gruppe macht mit; danach Wiederholung der ersten Bewegung. Nächste Bewegung für DREI, z.B. TR steht auf und setzt sich auf den Stuhl links im Kreis. Gruppe macht mit; danach Wiederholung der ersten Bewegungen EINS und ZWEI.

	In der gleichen Weise weiterverfahren: VIER = aufstehen, rechts um den Stuhl laufen und sich wieder hinsetzen. FÜNF = aufstehen, links um den Stuhl laufen und sich wieder hinsetzen. SECHS = im Sitz beide Beine hoch, evtl. mit Klatscher. SIEBEN = beide Hände auf den Boden. ACHT = aufstehen, rechts um den ganzen Stuhlkreis laufen und sich wieder hinsetzen. NEUN = aufstehen, links um den ganzen Stuhlkreis herumlaufen und sich wieder hinsetzen. ZEHN bzw. NULL = aufstehen, durch den Kreis gehen und sich einen neuen Platz suchen.
Steigerung/ Variationen ↗	TN nennen der Reihe nach eine Zahl und die Gruppe macht zusammen die entsprechende Bewegung, z.B. EINS = aufstehen. Zweistellige Zahlen nennen z.B. 12 = 1. aufstehen und hinsetzen, 2. einen Stuhl weiter nach rechts rücken. Erhöhung bis auf eine sechsstellige Zahl möglich. Eigene Telefonnummer/Postleitzahl/Geburtstag etc. nennen. Falls die TN sehr sicher sind: Eine Person macht eigene Telefonnummer vor, alle machen mit und raten die Zahl. Zahlen würfeln lassen. Sie können addiert, multipliziert und/oder dividiert und dann in Bewegung umgesetzt werden.
Tipps	Damit viel Bewegung in das Spiel kommt, ist es sinnvoll, wenn TR die oben genannten Bewegungen zur Anregung vormacht. Bei Spielwiederholung die TN bewegungsreiche Vorschläge machen lassen. Beim Aufstehen können sich die TN auch die Hände reichen. Beim Kreislaufen darf überholt werden!

Fortsetzung nächste Seite

Abb. 7.1
Bewegungslotto: sportlichere Variante

7.4 Aufrichten FF

M: Gruppenarbeit mit Kraft, nur für Geübte
ca. 10–20 min

Ziele ⇒	Bewegungsfähigkeit erweitern Wahrnehmung: sich selbst und andere Körperbewusst werden: Spannung steigern Soziale Kompetenz: Mut und Vertrauen, Teamarbeit Bewegungssicherheit Koordination Kraft
Idee	Ein Team (= mindestens 5 Personen) richtet einen Baum auf. Alle helfen mit, auch der Baum!
TN-Zahl	Mindestens acht TN
Hilfsmittel	Matten und Hocker für die Vorübungen
1. Vorübung **ASTE**	Sitz auf Hocker, Bank oder Stuhl, Hände auf Sitzfläche aufstützen; Langsitz auf dem Boden, Hände hinten aufstützen.
	In jeder der zwei Ausgangsstellungen während der Ausatmung Becken nach oben schieben, dabei von Anfang an Gesäßmuskulatur anspannen.
2. Vorübung **ASTE**	Rückenlage
	Ausatmen, Po anspannen: (Man geht ein bisschen mit dem Po hoch) Ausatmen: zuerst Po anspannen, dann Füße anwinkeln. Zwischendurch immer wieder lockern. Beine und Füße schütteln! Ausatmen: Po anspannen, Füße anwinkeln, dann Knie strecken. Zwischendurch immer wieder lockern. Knie hochziehen zum Oberkörper wie ein Päckchen und auf dem Rücken hin und her kullern (Ausgleichsübung).

Fortsetzung nächste Seite

	Falls durchführbar: Beim Ausatmen auf die Unterarme oder Hände stützen, Po anspannen, Knie fast strecken und Füße anwinkeln, Becken dabei hochheben zur Rutschbahn. Zwischendurch immer wieder lockern
Vorbereitung	▷ „Baum" liegt am Boden. ▷ Ein TN steht am Kopf (= Baumkrone) und umfasst mit beiden Händen von unten Kopf und Hals, indem er in eine tiefe Schrittposition geht. ▷ Zwei TN halten beidhändig rechts und links stehend die Schulterblätter (= Äste). Sie müssen ebenfalls in die Knie gehen. ▷ Zwei TN halten den Körperschwerpunkt: Hüfte und Po. ▷ Zwei TN halten die Füße (= Wurzeln) fest, damit sie nicht wegrutschen. Grundsätzlich mit flacher Hand halten
Spiel **Verlauf →**	Ein TN = Baumstamm liegt am Boden. Mindestens 7 TN versuchen, ihn aufzurichten = auf die Füße zu stellen. Alle atmen gleichzeitig ein. Beim Ausatmen: Anheben und Anspannen bzw. Festwerden des Baumstamms: Person am Boden ist aus Holz, auch der Po. Er ist angespannt. Alle richten den Baum, den am Boden liegenden TN, auf und stellen ihn auf die Füße.
Steigerung/ Variationen ↗	Auch schwerere Bäume aufrichten. Geübtere TN schaffen es auch mit weniger Personen im Team. Zunächst fünf Aufrichter: Ein TN hält den Kopf, je ein TN Schulter und Körperschwerpunkt (Hüfte und Po), je einer an einem Fuß (= Wurzel). Vier Aufrichter: ein TN am Kopf, zwei am Körperschwerpunkt, einer an der Wurzel. Dann nur noch drei Aufrichter: Eine Person hält am Kopf, eine zweite fasst an re Schulter und re Hüfte/Po, eine dritte an li Schulter und li Hüfte/Po.

Tipps

Beim ersten Durchgang macht TR immer mit.

Mit leichteren Personen beginnen.

Manchmal wollen schwerere Menschen anderen ihr Gewicht nicht zumuten oder Schwächere wagen es nicht, Schwerere zu heben. TR sollte dann auf jeden Fall mithelfen.

Eine gute Übung, diese Hemmungen zu verringern, Muskelkraft zu stärken, Körperbewusstsein zu schulen, Teamarbeit und Geschicklichkeit zu üben.

Füße dürfen nicht rutschen. Bei Problemen immer von einem TN festhalten lassen.

(Nur für sehr Geübte geeignet!)

7.5 Schlenkerpuppe F

M: Entspannend und ruhig
5 min

Ziele ⟹	Entspannung Wahrnehmungssteigerung: Fühlen Soziale Kompetenz Koordination: Reaktion, Timing Vertrauensaufbau Konzentration
Idee	Locker wie eine Schlenkerpuppe
TN-Zahl	Mindestens 5 TN
Hilfsmittel	keine
Vorübung **ASTE**	Kreis, mindestens fünf TN, ganz eng, Schulter an Schulter, leichte Schrittposition, stabile Haltung, eine Person, die Schlenkerpuppe, in der Mitte.
	Alle TN berühren mit flachen Händen die Schlenkerpuppe. Schlenkerpuppe hin und her bewegen, Handkontakte bleiben erhalten.
Spiel **ASTE**	Wie oben, etwas größerer Abstand
Verlauf →	Wie oben. Abwechselnd lässt ein TN im Kreis mal kurz los, um dann die Schlenkerpuppe wieder zu berühren.
Steigerungen/ Variationen ↗	Schlenkerpuppe schließt die Augen. Zwei/drei TN lassen gleichzeitig los. Jeder sollte einmal in den Kreis kommen, wenn er möchte.

Tipps

TR macht immer mit.

Das Spiel macht den meisten erfahrungsgemäß sehr viel Freude ☺☺, weil es gut tut.

Zeit lassen!

TR sollte niemanden überreden, der nicht will. TN übernehmen meistens die Motivierung.

Die Freude der anderen wirkt meist ansteckend.

TR ist auch einmal Schlenkerpuppe.

Abb. 7.2 Schlenkerpuppe: Entspannung, Fühlen

7.6 Wiegemännchen FF

M: Tut gut
ca. 10 min

Ziele ⟹	Funktionsweisen kennen lernen Bewegungsfähigkeit erweitern Wahrnehmungssteigerung: Fühlen, körperbewusst werden Soziale Kompetenz Bewegungssicherheit Koordination: Gleichgewicht ∇ (dynamisch) Geschicklichkeit
TN-Zahl	Kleingruppen, drei bis fünf TN
Hilfsmittel ✎	Evtl. weiche Unterlage ♫ Evtl. „Schmusemusik“
ASTE	Frei im Raum Drei TN stehen in einer Reihe, im Abstand von jeweils ca. einer Armeslänge. Die beiden äußeren TN (äuTN) schauen sich an, stehen in Schrittposition. Der mittlere TN (miTN) schaut einen äuTN an. Die beiden äuTN bilden Kontakt mit Händen zu Schulter bzw. Rücken von miTN.
Spiel **Verlauf** →	Der miTN bleibt mit beiden Füßen auf der Stelle stehen, mit fest angespanntem Po, Leisten nach vorne gedrückt. MiTN wird von äuTN wie ein hölzernes Wiegemännchen behutsam vor und zurück gewogen.
Steigerung/ **Variationen** ↗	Der miTN schließt die Augen. Alle TN stehen dicht an dicht in einem Kreis zusammen, in leichter Schrittposition, Hände in Brustkorbhöhe: In der Mitte steht eine Person, die sich rundherum wiegen lässt wie eine Schlenkerpuppe (vgl. 7.5).

Abb. 7.3
Wiegemännchen: Geschicklichkeit, Kooperation und Vertrauen

7.7 Es geht rund: Fledermaus-Quadrille FF

M: Eisbrecher
15–20 min

Ziele ⇒	Kondition ♥ Wahrnehmungssteigerung: Fühlen Raum- und Personenorientierung, drehen und wenden Soziale Kompetenz: Aufeinander zugehen, Nein-sagen, Ja-sagen. Koordination: Reaktion, Timing Rhythmus ≈ Konzentration
Idee	Während des Tanzens tanzen lernen
TN-Zahl	Mindestens sechs TN
Hilfsmittel	♬ Musik: Fledermaus-Quadrille von Johann Strauss
ASTE	Frei im Raum
Spiel **Verlauf →**	Fünf Musik-Strophen, die immer schneller werden: dazu schreiten, gehen, drehen und Seitgalopp. Mit jeder Strophe kommen neue Bewegungsaufgaben hinzu. Zur letzten Strophe wird frei getanzt. Anfangs bewegt sich jeder TN alleine. Dann zu zweit, dann alle zusammen. Im Wechsel: alleine, zu zweit, alle gemeinsam. Erste Strophe: Zur Musik frei durch den Raum gehen, bei Blickkontakt freundlich zunicken. Beim nächsten Treffen namentlich begrüßen. Beim weiteren Treffen re Hand geben. **Girlande:** re Hand geben, der nächsten Person die li Hand geben, einer weiteren Person die re Hand usw. Wenn alles klappt, entsteht eine Girlande, TR sorgt durch seine Teilnahme/Nichtteilnahme für eine gerade TN-Zahl.

Steigerungen/ Variationen ↗

Zweite Strophe:
Ungerade TN-Zahl (ist notwendig): wer statt der re Hand die li Hand des Partners gereicht bekommt, geht mit ihm/ihr vier Schritte in die eine Richtung und vier Schritte in die andere Richtung = **Handkreis.**

Dabei zunicken – anlächeln – grüßen – freundlich verabschieden.
Jeder sucht seine re Hand einer Hand eines anderen TN zu geben.

Je nachdem entsteht eine Girlande oder ein Handkreis.

Wer beide Hände auf den Rücken nimmt, drückt damit ein NEIN aus, weil er sich nicht drehen, aber weitergehen möchte.
(Das übt das NEIN-Sagen und steigert das Selbstwirksamkeitsgefühl.)

Dritte Strophe:
Einhaken: vier Schritte re herum, vier Schritte li herum oder Girlande oder Handkreis (gerade oder ungerade ZN-Zahl nicht wichtig).

Vierte Strophe:
Paarweise in **Beidhandfassung**, seitliche Anstellschritte:
mindestens vier Schritte nach re und vier nach li.
Wer will, kann auch im Seit-Galopp und mit mehr Schritten tanzen.

Partnerwechsel, Einhaken, seitwärts, Girlande, Handkreis usw. beliebig variieren.

Fünfte Strophe:
Alle tanzen, wie sie wollen, gemäß dem, was sie gelernt haben.
Hauptsache, es passt zur Musik und erfreut ☺☺.

Tipps

TR macht nach Möglichkeit immer mit und gibt die Erklärungen während des Tanzens.

Angesagte Auswahlmöglichkeit (in der zweiten Strophe) bei Aufforderung zum Tanzen ist gut für Personen, die leicht schwindelig werden. Sie brauchen keine langen Erklärungen abzugeben.

Chance zum Nein-Sagen nutzen.

Fortsetzung nächste Seite

Abb. 7.4
Es geht rund: Kondition, Rhythmus

7.8 Kreislauftraining F

M: Hat „Tobecharakter“
10 min

Ziele ⇒	Kondition ❤ Drehen und wenden Soziale Kompetenz, aufeinander zugehen, Selbstwirksamkeit Koordination: Reaktion, Timing Rhythmus ≈ Konzentration
Idee	Sich ständig zur Musik auf verschiedenen Kreisformen bewegen. Die Puppen tanzen lassen!
TN-Zahl	Mindestens drei TN
Hilfsmittel	♫ Musik: Polka-Rhythmen (z.B. Tritsch-Tratsch-Polka, Unter Donner und Blitz von Johann Strauß) oder Polonaisen oder andere zügige Gehrhythmen (60–80 bpm), Aerobic-Musik
ASTE	Frei im Raum
Spiel **Verlauf** →	 TR gibt **erste Anweisung**: Bewegen am Platz! Jeder bewegt sich mit Geh- oder Laufschritten am Platz zur Musik. **Zweite Anweisung**: Großes Durcheinander! Alle bewegen sich überall im ganzen Raum, aber nicht im Kreis. Im beliebigen Wechsel: Durcheinander – am Platz – Durcheinander – am Platz! Wenn dies klappt: Kommandoübergabe an einen TN. **Dritte Anweisung** des TR: großer Kreis re – großer Kreis li! Großer Kreis re = re Schulter innen – es darf/muss überholt werden. Großer Kreis li = li Schulter innen. Im Wechsel: Durcheinander – am Platz – großer Kreis re – am Platz – großer Kreis li – Durcheinander usw. Wenn dies klappt: Anweisungs-/Kommandoübergabe an einen TN. **Vierte Anweisung**: 1. Handkreis re – 2. Handkreis li! 1. Alle geben sich im Kreis die Hände, dabei weiterlaufen, re Hand ist vorne. 2. Alle fassen sich im Kreis, li Hand ist vorne.

Fortsetzung nächste Seite

	Im beliebigen Wechsel weiter: Durcheinander – am Platz – großer Kreis re – am Platz – großer Kreis li – Durcheinander – Handkreis re – Handkreis li usw. Wenn dies klappt: Kommandoübergabe an den nächsten TN. **Fünfte Anweisung**: 1. Mühle re – 2. Mühle li! Alle bilden mit der re Hand zur Kreismitte gestreckt eine Mühle. Alle re Hände treffen sich in der Mitte, sie bewegt sich weiter = Mühle re! Alle li Hände in die Mitte = Mühle li! Im beliebigen Wechsel weiter: Durcheinander – am Platz – großer Kreis re – am Platz – großer Kreis li – Durcheinander – Handkreis re – Handkreis li – Mühle re – Mühle li – großer Kreis re – Handkreis re – Durcheinander usw. Wenn dies klappt: Kommandoübergabe an den nächsten TN.
Steigerungen/ Variationen ↗	TN geben untereinander das Kommando weiter. Andere Anweisungen: Schulterkreis re/li = re/li Hand auf die Schulter des Vordermanns, im Kreis weiterlaufen: Schulterkreis re – Schulterkreis li! In die Kreismitte und wieder nach außen. Anweisung: Rein – raus! Ab durch die Mitte! = durch den Kreis laufen, auf Kreisbahn re/li weiterlaufen im Schulterkreis oder Handkreis oder großen Kreis. Einhaken re, einhaken li! Großer Handkreis – kleiner Handkreis! Jeweils re und/oder li! Seitgalopp! Alles mit ständigem Partnerwechsel.

Tipps

Die Bezeichnung Laufen mag fachlich nicht immer korrekt sein. Sie bietet aber den TN die Wahlmöglichkeit, zu gehen, zu laufen oder zu rennen.

TR macht nach Möglichkeit immer mit und gibt die Erklärungen während des Laufens.

Nach einer gewissen Übungszeit genügt es, die Musik einzuschalten, und die TN „managen“ alles alleine.

Kann oder möchte jemand nicht mitlaufen, so kann er das Kommando übernehmen = Die Puppen tanzen lassen!

Abb. 7.5 Kreislauftraining: Kondition, Koordination

7.9 Klamottenstaffel A–F

M: Harmloses Wettspiel
20–30 min

Ziele ⇒	Kommunikation Soziale Kompetenz: Helfen und sich helfen lassen, Teamarbeit Alltagshandlungen Reaktion Wahrnehmung
Idee	Die Zeit eilt, wir auch! Wir müssen uns schnellstens zurecht machen!
TN-Zahl	Mindestens vier TN, gerade Zahl. Je mehr TN, desto besser.
Hilfsmittel	Kleidungsstücke pro Gruppe: Hut, Mantel, Schirm, ein paar Handschuhe, Kette, Ohrringe, Lippenstift, Schal, Spiegel Sportgeräte pro Gruppe: mindestens einen Stuhl, Hindernisse zum Drübersteigen, Kastenteile zum Durchkriechen, viele Matten. ♬ Heitere und leichte Musik, passend zum Stadtbummel.
ASTE zur 1. Vorübung	Frei im Raum Alle Kleidungsstücke auf den Matten (= Läden) verteilen: Hutladen, Schmuckladen (mit Spiegel), Mantelgeschäft, Schirmgeschäft, Accessoires: Schal, Handschuhe usw.
1. Vorübung	Wir machen einen Schaufenster- und Einkaufsbummel. Während die Musik spielt, gehen alle TN auf der Strasse (= um die Matten herum) und schauen sich dabei schon mal die Ware an. Bei Musikstopp darf/muss jeder in den Laden gehen, der ihm am nächsten ist, und die Klamotten anprobieren. Evtl. zu zweit und zu dritt in einen Laden gehen. So oft wiederholen, wie es gefällt.
ASTE zur 2. Vorübung	Matten, Kastenteile, Stühle etc. zu einer langen Hindernisbahn aufbauen. Sich paarweise zusammentun.

2. Vorübung

Wir machen einen Bummel durch eine Stadt, in der viel gebaut wird.

Mit gegenseitiger Handführung über die Hindernisse/Baustellen gehen.
Rollen tauschen.

Stromausfall, es ist dunkel: Der Geführte schließt die Augen.

Alleine über die Hindernisbahn gehen.

Spiel

ASTE

Zwei oder drei gleich große Gruppen bilden, mindestens vier Personen.

Je nachdem gleiche Hindernisbahnen aufbauen in U-Form mit Start und Ziel am gleichen Raumende:

Am Start liegen Mantel, Regenschirm, Handschuhe, Hut etc.
1. Hindernis: Matte
2. Hindernis: Kastenteil
3. Hindernis: Stuhl und Schminksachen = äußerster Punkt, danach umkehren zu
4. Hindernis: Mattenberg

Gruppen verteilen sich hinter den Hindernisbahnen

Verlauf →

Auf bestimmtes Kommando beginnt die Staffel: Alle einer Gruppe helfen dem Ersten in den Mantel, Knöpfe schön zumachen, er spannt den Regenschirm auf.

Läuft über die Matte, kriecht durch Kastenteil

Rennt zum Schminkplatz, mindestens rote Nase, evtl. ein Herz auf der Backe, und etwas Augen-Makeup

Dann geht's über den Mattenberg

Zurück zum Start.

Am Ziel helfen alle mit, ihn auszuziehen und aufzuräumen.

Der Nächste kommt erst dran, wenn der Vorgänger komplett ausgekleidet ist.
Der gesamte Ablauf wird wiederholt.

Gewonnen hat die Gruppe, die als erste alles wieder aufgeräumt hat und vollständig mit **roten Nasen** dasteht.

Fortsetzung nächste Seite

Steigerungen/ Variationen ↗	Bei diesem Spiel könnte man auch die Zeit stoppen, da sie nichts über die Leistungsfähigkeit des Einzelnen aussagt. Bewährt haben sich auch zusätzlich Einkaufstaschen, die man füllen und wieder ausleeren kann.
Tipps	Eine sehr gute Kooperationsübung Der Fantasie sind keine Grenzen gesetzt. (Dieses Spiel muss genau vorbereitet werden, ansonsten gelingt es nicht.)

7.10 Wortkette F

M: GriBs
10 min

Ziele ⟹	Kommunikation Reaktion Wahrnehmung Kreativität Gedächtnis
Idee	Wer hat das nächste/letzte Wort?
TN-Zahl	Mindestens drei TN
Hilfsmittel	Stühle, einer mehr als TN
ASTE	Kreis
Vorübung	Evtl. rückengerechtes Aufstehen und Hinsetzen üben.
Spiel **Verlauf →**	TR setzt sich auf den freien Stuhl und nennt ein Doppelwort, z.B. Winter-Sport. Wem ein Doppelwort mit Sport bzw. Ergänzung einfällt, der setzt sich auf den frei gewordenen Stuhl: z.B. SportPlatz – PlatzWart – WartBurg – BurgFrieden – FriedensVertrag usw.
Steigerungen/ Variationen ↗	Abstände der Stühle vergrößern, so dass alle weiterlaufen müssen. Nach jedem dritten Wort noch einmal alle Wörter von vorne wiederholen lassen.
Tipps	Zum lauten und deutlichen Sprechen auffordern Wiederholungen der Wortgebilde sind nicht gestattet!

7.11 Wortspiele A

M: GriBs
10 min

Ziele ⇒	Kommunikation Reaktion Wahrnehmung Kreativität Gedächtnis
Idee	Wer weiß noch was??
TN-Zahl	Mindestens drei TN
Hilfsmittel	Tesafilm, Din-A4-Blätter: pro TN mindestens eines, Filzstift Wörter: je nach TN-Anzahl Zum Beispiel: 3 TN = Rei 4 TN = Seil 5 TN = Leise 6 TN = Garten 7 TN = Freitag 8 TN = Mittwoch 9 TN = Navigator 10 TN = Donnerstag 11 TN = Hilfsmittel 12 TN = Kreislaufkur
ASTE	Frei im Raum
Spiel **Verlauf →**	Jeder TN bekommt einen Buchstaben aus einem Wort, das die TN nicht kennen auf den Rücken geheftet. Sprechen verboten!!! Jeder sieht die Buchstaben der anderen, aber nicht seinen eigenen. TR stellt alle TN zu einem Wort zusammen, TN versuchen es zu entziffern. Jetzt sprechen erwünscht, klar!!! TN versuchen, selbst ein anderes Wort zusammenzustellen, dabei wieder: Sprechen verboten!!!

Steigerungen/ Variationen ↗	Bei einer großen Gruppe (ab 10): TN sollen Wörter vorschlagen! Mit geschlossenen Augen ausprobieren: Dazu muss man sich alle Buchstaben und Personen merken (evtl. Vorübung: Durchtasten).
Tipp	Zuschauende TN dirigieren lassen

Abb. 7.6
Wortspiele 1

Abb. 7.7
Wortspiele 2

Fortsetzung nächste Seite

Abb. 7.8
Wortspiele 3

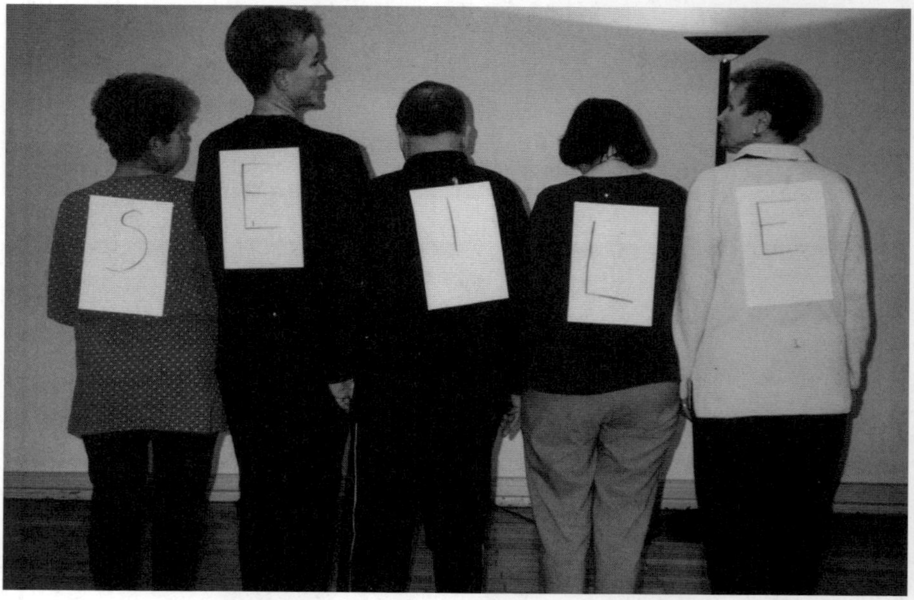

Abb. 7.9
Wortspiele 4

8 Stundenbilder

8.1 Grundsätzliches

8.1.1 Organisation

- Arztnähe sicherstellen
- Benutzerfreundlichkeit für Rollstuhlfahrer
- Für Frischluftzufuhr sorgen
- Bei Gruppen mit mehr als acht TN ist ein Assistent hilfreich. Ideal ist ein Team aus Sportlehrer und Physiotherapeut.
- Ausreichend Sitzgelegenheiten bereithalten
- Wenn alle einverstanden sind, Angehörige mitmachen lassen
- Dauer: mindestens 60 Minuten
- Günstig ist zweimal pro Woche.

8.1.2 Einsatzmöglichkeiten der Bewegungsspiele

- Klinik- und Kurbetrieb
- Stationäre Rehabilitationseinrichtungen
- Ambulante Rehabilitationseinrichtungen
- Sonstige physiotherapeutische Gruppen
- Seniorenheime
- Seniorenzentren
- Volkshochschulen
- Integration in Sportstunden
- Fitness-Zentren (Seniorensport).

8.1.3 Inhalt

Unabhängig vom jeweiligen Schwerpunktthema einer Stunde sollten folgende Bereiche immer vorkommen:

- ▷ Atmung
- ▷ Beweglichkeit
- ▷ Entspannung und Ausgleich ☯
- ▷ Gedächtnis 💾 bzw. ein Teil eines „GriBs-Spiels"
- ▷ Gleichgewicht ∇
- ▷ Kommunikation 👪
- ▷ Kondition ♥
- ▷ Konzentration ☝
- ▷ Wahrnehmung: sich selbst, andere und den Raum.

8.1.4 Stundenaufbau

- ▷ Einleitung/Aufwärmen
- ▷ Hauptteil
- ▷ Ausklang.

Aufwärmen Im ersten Teil, der **Aufwärmphase**, für körperliche Wärme sorgen durch kreislaufanregende Übungen und durch angemessene Raumtemperatur, für emotionale Wärme durch „Eisbrecher-Spiele".
Im Anschluss daran Dehnen mit Stuhl-, Stand- oder Bodengymnastik, je nach Verfassung der TN und Bezug nehmend auf den Hauptteil; Atemübungen.

Hauptteil Im zweiten Teil, dem **Hauptteil**, ein oder zwei der Bewegungsspiele anbieten: z.B. ein vorher schon begonnenes Spiel versuchen, zu Ende zu bringen, und ein neues beginnen. Auch kann ein längeres Spiel durchgeführt werden.

Ausklang Für den **Ausklang** sind Entspannungsübungen und Bewegungsspiele im Kreis am nettesten. Nach deren Auflösung reden die TN oft gerne noch miteinander.

Mischung von Bekanntem und Unbekanntem

Tipp: Bei allen Stunden auf Vertrautes zurückgreifen, z.B. auf Elemente aus der Physiotherapie (der rote Bewegungsfaden) und/oder auf Bewegungen des täglichen Lebens. Bekannte Übungen schaffen die notwendige Sicherheit, sich auf Neues einzulassen.

8.2 Stundenbeispiele

Gruppe kennt sich noch nicht. Sechs TN, ein TN ist gehbehindert.
Zwei Frauen, vier Männer. Alter von 55 bis 70.

1. Stunde

Aufwärmen:

Ballgirlande mit Pezziball ⇒ TN lernen sich kennen (5.5)
Platzwechsel, Gehbehinderter kann/darf sitzen bleiben (6.11)
Dehnung und Atmung spüren.

Hauptteil:

Drückeberger A (5.2)
Nummerngehen 1–4 , Gehbehinderter gibt die Richtungen an (6.7).

Ausklang:

Schinkenklopfen (5.1).

2. Stunde

Aufwärmen:

Ballgirlande (5.5)
Tritsch-Tratsch-Polka (S. 63)
Dehnübungen im Sitzen.

Hauptteil:

Nummerngehen erweitern (6.7)
Bewegungslotto A (5.6).

Ausklang:

Druckkreis (5.3)
Evtl. *Liegestuhl* (5.9).

3. Stunde

Aufwärmen:

Tritsch-Tratsch-Polka (S. 63), auch im Stand
Datensammlung (7.1)
Dehnübungen im Sitzen.

Hauptteil:

Bewegungslotto mit sportlichen Elementen (7.3)
Wortkette (7.10).

Ausklang:
Schlangenmassage (6.9)
Schinkenklopfen (5.1).

4. Stunde
Aufwärmen:
Kreislauftraining (7.8)
Who is who? (6.14)
Dehngymnastik.

Hauptteil:
Museumsnacht (6.5).

Ausklang:
Platzwechsel (6.11).

5. Stunde
Aufwärmen:
Anfänge von *Es geht rund* (7.7)
Ballgirlande (5.5).

Hauptteil:
Dreierball (6.4).

Ausklang:
Bodenkontakte (6.2)
Liegestuhl (5.9)

Abb. 8.1 Bewegung mit anderen macht Freude ☺☺.

9 Andere geeignete Sport- und Bewegungsarten

Der Therapeut sollte auch auf andere Sport- und Bewegungsmöglichkeiten hinweisen, z.B. auf solche, die losgelöst sind vom jeweiligen Krankheitsbild.
In diesem Fall muss der Patient vorher seinen behandelnden Arzt befragen.
In der Auswahl anderer Sport- und Bewegungsarten empfiehlt es sich, immer an das anzuknüpfen, was die Patienten schon vor der Erkrankung getan haben. Aufschluss darüber geben ein Gespräch mit dem Patienten selbst oder den Angehörigen oder die *Datensammlung* (7.1).
Eine andere Möglichkeit ist, dass der Therapeut verschiedene Bewegungsangebote macht und durch Beobachtung herausfindet, was der Patient gerne tut, und dieses ausbaut, indem er die Grundbewegungsform in Varianten anbietet. Garantiert erzählt der Patient irgendwann, dass er dieses oder jenes auch schon früher gerne getan hat.
Im Folgenden sind Sportarten aufgeführt, die für Patienten mit neurologischen Erkrankungen geeignet sind. Wer Wasser liebt, sollte Wassergymnastik oder Aquajogging ausprobieren. Wem langsame, schonende und konzentrative Übungen zusagen, der ist mit Stretching, Yoga oder Autogenem Training gut beraten. Um die Kondition zu stärken, empfiehlt sich das Ausprobieren von Spinning, Wandern/Walking, Skilanglauf oder Tanzen.

Aquajogging
wird mittlerweilen in vielen öffentlichen Bädern angeboten. Trainiert wird die natürliche Laufbewegung. Knie-, Hüft- und Fußgelenke sind entlastet. Gleichzeitig erfährt der Körper eine wohltuende Massagewirkung. Man muss nicht unbedingt schwimmen können, um am Aquajogging teilzunehmen. Ein regelmäßiges Training stärkt das Kardiopulmonalsystem.

Wassergymnastik

gibt es ähnlich dem Aquajogging immer häufiger in öffentlichen Bädern. Der Körper wird ganzheitlich trainiert. Wassergymnastik birgt ähnliche Vorteile wie Aquajogging.

Stretching

beinhaltet Dehngymnastik, meist zu Musik. Fitness-Studios haben oft mehrere Kurse im Angebot. Ein großer Vorteil ist der geringe Krankheitsbezug.

Yoga

Die Übungen des Hatha-Yoga beinhalten viele Elemente der Physiotherapie. Beweglichkeit, Kondition, Koordination, Konzentration, Elastizität, Atmung und Entspannung werden gefördert. Yogaübungen bieten vieles an, was man zu Hause täglich üben kann. Kurse werden in Volkshochschulen angeboten.

Autogenes Training

ist vielen bekannt aus der Rehaklinik. Anbieter sind Volkshochschulen, psychotherapeutische Praxen, vereinzelt auch Krankenkassen oder Krankenhäuser.

Wandern und Walking

Gehen ist die natürlichste Art, die Ausdauer zu üben. Ganz gleich, ob man wandert oder sich einer Walking-Gruppe, die es in Sportvereinen sehr oft gibt, anschließt. Vom zügigen und ausdauernden Gehen profitieren Körper, Geist und Seele. Besonders zu empfehlen ist das „Stick-Walking“: Durch beidseitigen Stockeinsatz werden die Koordination geschult, dabei Wirbelsäule und Gelenke entlastet.

Spinning

noch ziemlich unbekannt, ist eine Art Fahrradergometer-Training, das in Fitness-Studios angeboten wird. Geradelt wird in der Gruppe zu Musik unter Anleitung eines Trainers bei Kontrolle der Herzfrequenz durch Pulsuhren.

Die speziell konstruierten Räder (Bikes) können individuell an die Proportionen des jeweiligen TN angepasst werden. Noch ist es jugendlicheren gesunden Menschen vorbehalten, obwohl es sehr geeignet ist für neurologische Patienten und ältere Menschen. Die Bikes ähneln einem Rennrad und vermitteln dem Nutzer dadurch eher ein sportliches Gefühl. Hin und wieder gibt es in Fitness-Studios Anfängerkurse für Ältere oder Patienten. Wer Herz-Kreislauf-Beschwerden hat, findet hier eine ausgezeichnete Trainingsmöglichkeit.

Tanzen

gehört mit zu den erfolgversprechendsten Bewegungsarten. Es übt das Rhythmusgefühl, schult Kondition und Koordination und fördert durch das Zusammensein mit anderen die Kommunikationsfähigkeit. Es gibt viele verschiedene Möglichkeiten, zu tanzen: Gesellschaftstanz in Tanzkreisen, Tanzschulen oder Tanztee, Volkstänze, rhythmische Gymnastik, Steppaerobic, NIA, meditatives Tanzen, höfische Tänze, evtl. Stepptanz usw.

Tipp

Auch bei den anderen Sportarten gilt für den Einzelnen: ausprobieren, was bekömmlich und machbar ist. Dazu gehören sowohl das Bewegungsangebot, die anderen, der Trainer und die Praktikabilität.
Die Bewegungen sollen gut tun auf lange Sicht, die Mitmenschen sollten dem Betreffenden sympathisch sein und die Übungsstunden zeitlich und örtlich günstig liegen.

Literatur

1. CSIKSZENTMIHALYI, M.: Das Flow-Erlebnis. Jenseits von Angst und Langeweile: im Tun aufgehen. 5. Auflage. Klett-Cotta, Stuttgart 1993, S. 206
2. ZIGANEK-SOEHLKE, F.: Es ist nie zu spät. Kompetenzerhaltung durch motorische Schulung unter gesundheitsfördernden Aspekten. Institut für Sport und Sportwissenschaften der Ruprecht-Karl-Universität Heidelberg 1996 (nicht veröffentlicht)
3. THEWS, G.: Anatomie, Physiologie, Pathophysiologie des Menschen, 4. Auflage. Wissenschaftliche Verlagsgesellschaft, Stuttgart 1991, S. 59
4. SILBERNAGL, S., DESPOPONLOS, A.: Taschenatlas der Physiologie, 5. Auflage. Thieme, Stuttgart 2001
5. THEWS: S. 33
6. THEWS: S. 33
7. PROSIEGEL, M.: Neuropsychologische Störungen und ihre Rehabilitation. 2. Auflage. Richard Pflaum Verlag, München 1998, S. 129
8. PROSIEGEL: S. 83
9. PROSIEGEL: S. 142
10. PROSIEGEL: S. 143
11. PROSIEGEL: S. 99
12. PROSIEGEL: S. 210
13. PROSIEGEL: S. 210
14. PROSIEGEL: S. 214
15. KRUSE, W., NIKOLAUS, T.: Geriatrie. Springer Verlag, Berlin 1992, S. 201
16. THÜMLER, R.: Die Parkinson-Krankheit. Informationen und Ratschläge. Piper Verlag, München 1994, S. 23–40
17. RÖTHIG, P. et al.: Sportwissenschaftliches Lexikon, 6. Auflage. Hofmann Verlag, Schorndorf 1992, S. 463
18. ROST, R.: Sport- und Bewegungstherapie bei inneren Krankheiten. Deutscher Ärzte Verlag, Köln 1991, S. 17–19
19. GADAMER, H.-G.: Über die Verborgenheit der Gesundheit. Aufsätze und Vorträge. Suhrkamp Verlag, Frankfurt 1993
20. BREHM, W.: Ziele und deren Sicherung im Gesundheitssport mit der Orientierung Prävention und Gesundheitsförderung. In: Gesundheitssport und Sporttherapie 16 (2000), S. 161
21. MEISSNER-PÖTHIG, D. et al.: Vitalität und ärztliche Intervention. Vitalitätsdiagnostik: Grundlagen – Angebote – Konsequenzen. Hippokrates Verlag, Stuttgart 1997
22. BREHM s.o.

23. MEISSNER-PÖTHIG: S. 19
24. ZIGANEK-SOEHLKE, F.: StuBss, Sturzprophylaxe durch Bewegungsschulung in der Gruppe, 3. Auflage. Aktivia e.V., Heidelberg 2000
25. BÖS, K. et al.: Gesundheitförderung durch Bewegung, Spiel und Sport. Ziele und Methoden des Gesundheitssports in der Klinik. Perimed Fachbuch-Verlagsgesellschaft, Erlangen 1992, S. 94
26. MEUSEL, H.: Bewegung, Sport und Gesundheit im Alter. Quelle und Meyer Verlag, Wiesbaden 1996, S. 113–119
27. PROSIEGEL: S. 83
28. RÖTHIG: S. 411
29. CSIKSZENTMIHALYI, M.: Die außergewöhnliche Erfahrung im Alltag: die Psychologie des Flow-Erlebnisses, 2. Auflage. Klett-Cotta Verlag, Stuttgart 1995, S. 1, 30, 353, 388
30. RÖTHIG: S. 249
31. MEUSEL: S. 113, 114
32. PROSIEGEL: S. 42
33. PROSIEGEL: S. 69
34. PROSIEGEL: S. 83
35. MEUSEL: S. 113
36. RÖTHIG: S. 251–252
37. RÖTHIG: S. 251–252
38. MEUSEL: S. 114
38a. OSWALD, W. D. et al.: Bedingungen der Erhaltung und Förderung von Selbstständigkeit im höheren Lebensalter (SIMA) – Teil I: Konzepte, Hypothesen und Stichproben eines interdisziplinären Forschungsprojektes. Zeitschrift für Gerontopsychologie und -psychiatrie, 5, 4 (1992), S. 205–221
39. BRAUER, H., MÜLLER, E., MICHELFELDER, H.: Leitfaden Gedächtnistraining: medizinische Aspekte, pädagogische Aspekte, psychologische Aspekte. Memo-Verlag, Stuttgart 1995, S. 37
40. BRAUER: S. 37
41. BRAUER: S. 17
42. BØGESKOV, J., FALKENBERG, H. et al.: Das menschliche Gehirn. Aufbau, Funktionsweisen und Fähigkeiten eines erstaunlichen Organs. Verlag Christian Brandstätter, Berlin, München 1999, S. 95
43. DÖBLER, E. und H.: Kleine Spiele, 21. Auflage. Sportverlag, Berlin 1998
44. KREISS, F.: Spiele für Ältere. In: Sport und Spiel für Ältere, Schriftenreihe Breitensport des DSB, Frankfurt 1974/75, Bd. 15
45. SCHÖTTLER, B.: Bewegungsspiele 50 Plus. Meyer und Meyer Verlag, Aachen 1998

Register

A

B

D

E

Pflaum Physiotherapie

Neurologie

Christel Eickhof
Grundlagen der Physiotherapie bei erworbenen Lähmungen
312 S. mit 82 Abb., kart.,
ISBN 3-7905-0840-3

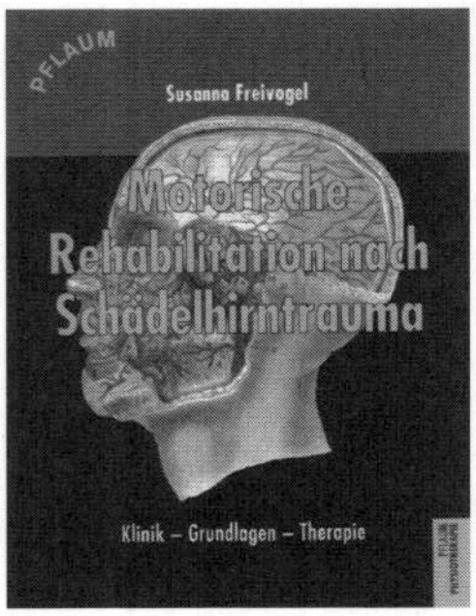

Susanna Freivogel
Motorische Rehabilitation nach Schädelhirntrauma
Klinik, Grundlagen, Therapie
324 S. mit 193 Abb., kart.,
ISBN 3-7905-0746-6

Wolfgang Fries/
Ingeborg Liebenstund
Physiotherapie beim Parkinson-Syndrom
Ein Leitfaden zur Bewegungstherapie
2. Aufl., 240 S. mit 134 Abb., kart.
ISBN 3-7905-0776-8

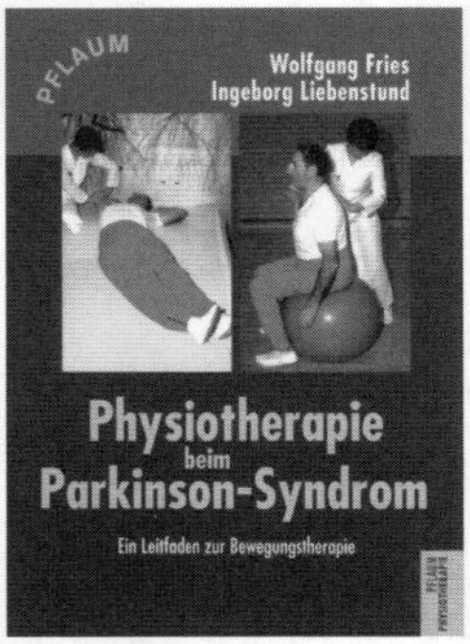

Jutta Hinrichs/
Bernd Pohlmann-Eden
Neurologische Erkrankungen
Ein Lehrbuch für Physiotherapeuten
2., völlig überarb. Aufl., 351 S. mit 122 Abb., kart.,
ISBN 3-7905-0790-3

Germar Kroczek u.a.
Stroke Unit
Ein interdisziplinärer Praxisleitfaden zur Akutbehandlung des Schlaganfalls
348 S. mit 161 Abb., kart.,
ISBN 3-7905-0829-2

Margaret Johnstone
Therapie der vaskulären Hemiplegie
Untersuchung und Behandlung in der neurologischen Physiotherapie
144 S. mit 39 Abb., kart.,

ISBN 3-7905-0816-0
Carlo Perfetti
Der hemiplegische Patient – kognitiv therapeutische Übungen
236 S. mit 97 Abb., kart.,
ISBN 3-7905-0758-X

Richard Pflaum Verlag GmbH & Co. KG
Lazarettstr. 4, 80636 München, Tel. 089/12607-0, Fax 089/12607-333
http://www.pflaum.de, e-mail: kundenservice@pflaum.de

Pflaum Physiotherapie

Neurologie

Mario Prosiegel u.a.
Klinische Hirnanatomie
Funktion und Störung zentralnervöser Strukturen
340 S. mit 200 Abb., kart.,
ISBN 3-7905-0828-4

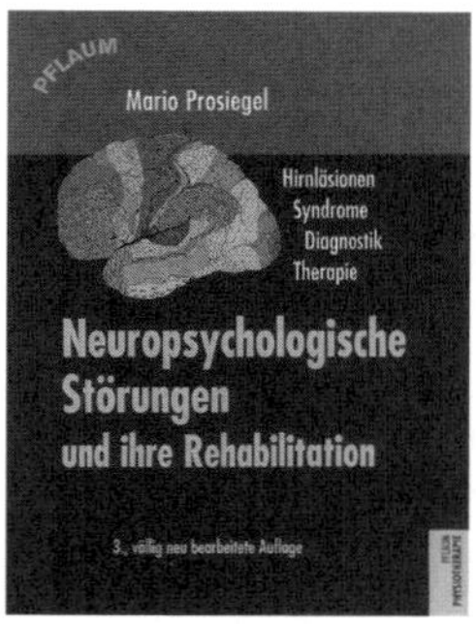

Mario Prosiegel
Neuropsychologische Störungen und ihre Rehabilitation
Hirnläsionen, Syndrome, Diagnostik
3., völlig neu bearb. Aufl.,
284 S. mit 77 Abb., kart.,
ISBN 3-7905-0863-2

Georg Weimann u.a.
Neuromuskuläre Erkrankungen
Grundlagen, Krankengymnastik, Physikalische Therapie, Ergotherapie
247 S. mit 187 Abb., kart.,
ISBN 3-7905-0679-6

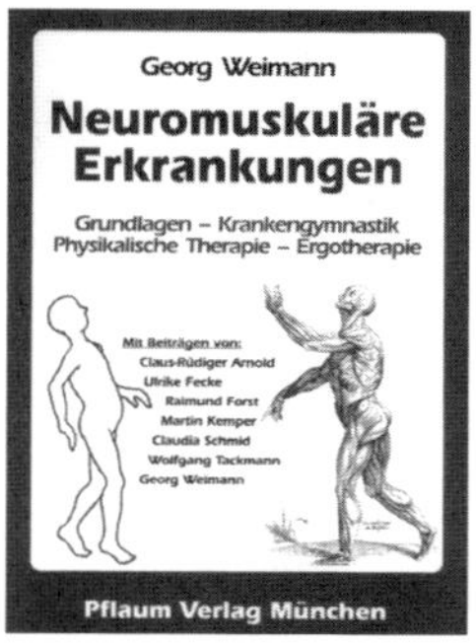

Christhild Wötzel u.a.
Therapie der Multiplen Sklerose
Ein interdisziplinäres Behandlungskonzept
2. überarb. Aufl., 232 S. mit 114 Abb., kart.,
ISBN 3-7905-0779-2

Bitte fordern Sie den ausführlichen Prospekt der Fachbuchreihe Pflaum Physiotherapie an.

Ihre Fachzeitschrift

Krankengymnastik

Zeitschrift für
Physiotherapeuten

Gerne schicken wir Ihnen ein kostenloses Probeexemplar!

Richard Pflaum Verlag GmbH & Co. KG
Lazarettstr. 4, 80636 München,Tel. 089/12607-0, Fax 089/12607-333
http://www.pflaum.de, e-mail: kundenservice@pflaum.de

Pflaum Physiotherapie

eine Auswahl

Wolfgang Ide/
Winfried Vahlensieck
Die Harninkontinenz beim Mann
127 S. mit 20 Abb. , kart.,
ISBN 3-7905-0872-1

Sieglinde Martin
Balancetraining für das behinderte Kind
Ein Praxisbuch für Physiotherapeuten und Eltern
184 S. mit ca. 250 Abb.,
kart., ISBN 3-7905-0869-1

Sabine Mehne/
Livia Haupter
Vom Tun und Lassen
Grundlage der Systemischen Physiotherapie
488 S. mit ca. 20 Abb., kart.
ISBN 3-7905-0874-8

Elke Mütze/Ralf Schweer
Der ältere beinamputierte Mensch und seine Rehabilitation
Ein Praxisbuch
Ca. 250 S. mit ca. 80 Abb.,
kart.,
ISBN 3-7905-0876-4

Adalbert Olschewski-Hattenhauer
Stress bewältigen
Ein ganzheitliches Kursprogramm in 12 Sitzungen
ca. 300 S. mit Abb., kart.,
ISBN 3-7905-0853-5

Marianne Spamer u.a.
Physiotherapie in der Kinderrheumatologie
Das Garmischer
Behandlungskonzept
344 S. mit 183 Abb.,
kart., ISBN 3-7905-0852-7

Marion Spörl
Der Orientalische Tanz
in der Schwangerschaft
und Geburtsvorbereitung
134 S. mit 79 Abb., kart.,
ISBN 3-7905-0855-1

Richard Pflaum Verlag GmbH & Co. KG
Lazarettstr. 4, 80636 München,Tel. 089/12607-0, Fax 089/12607-333
http://www.pflaum.de, e-mail: kundenservice@pflaum.de